새로운 도서
다양한 자료
동양북스
홈페이지에서
만나보세요!

www.dongyangbooks.com
m.dongyangbooks.com

KB177482

홈페이지 도서 자료실에서 학습자료 및 MP3 무료 다운로드

PC

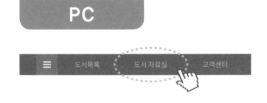

❶ 홈페이지 접속 후 도서 자료실 클릭
❷ 하단 검색 창에 검색어 입력
❸ MP3, 정답과 해설, 부가자료 등 첨부파일 다운로드

* 원하는 자료가 없는 경우 '요청하기' 클릭!

MOBILE

* 반드시 '인터넷, Safari, Chrome' App을 이용하여 홈페이지에 접속해주세요. (네이버, 다음 App 이용 시 첨부파일의 확장자명이 변경되어 저장되는 오류가 발생할 수 있습니다.)

❶ 홈페이지 접속 후 ☰ 터치

❷ 도서 자료실 터치

❸ 하단 검색창에 검색어 입력
❹ MP3, 정답과 해설, 부가자료 등 첨부파일 다운로드

* 압축 해제 방법은 '다운로드 Tip' 참고

미래와 통하는 책

가장 쉬운 독학
일본어 첫걸음
14,000원

버전업! 굿모닝
독학 일본어 첫걸음
14,500원

일단 합격하고 오겠습니다
JLPT 일본어능력시험 N3
26,000원

일본어 100문장 암기하고
왕초보 탈출하기
13,500원

가장 쉬운 독학
중국어 첫걸음
14,000원

가장 쉬운 중국어
첫걸음의 모든 것
14,500원

일단 합격 新HSK
한 권이면 끝! 4급
24,000원

중국어
지금 시작해
14,500원

영어를 해석하지 않고
읽는 법
15,500원

미국식
영작문 수업
14,500원

세상에서 제일 쉬운
10문장 영어회화
13,500원

영어회화
순간패턴 200
14,500원

가장 쉬운 독학
베트남어 첫걸음
15,000원

가장 쉬운 독학
프랑스어 첫걸음
16,500원

가장 쉬운 독학
스페인어 첫걸음
15,000원

가장 쉬운 독학
독일어 첫걸음
17,000원

동양북스 베스트 도서

THE
GOAL 1
22,000원

인스타
브레인
15,000원

직장인, 100만 원으로
주식투자 하기
17,500원

당신의 어린 시절이
울고 있다
13,800원

놀면서 스마트해지는 두뇌 자극
플레이북 딴짓거리 EASY
12,500원

죽기 전까지
병원 갈 일 없는 스트레칭
13,500원

가장 쉬운 독학
이세돌 바둑 첫걸음
16,500원

누가 봐도 괜찮은 손글씨 쓰는
법을 하나씩 하나씩 알기 쉽게
13,500원

가장 쉬운 초등 필수 파닉스
하루 한 장의 기적
14,000원

가장 쉬운 알파벳 쓰기
하루 한 장의 기적
12,000원

가장 쉬운 영어 발음기호
하루 한 장의 기적
12,500원

가장 쉬운 초등한자 따라쓰기
하루 한 장의 기적
9,500원

세상에서 제일 쉬운
엄마표 생활영어
12,500원

세상에서 제일 쉬운
엄마표 영어놀이
13,500원

창의쑥쑥 환이맘의
엄마표 놀이육아
14,500원

 동양북스
www.dongyangbooks.com
m.dongyangbooks.com

일본어능력시험

일단 합격
JLPT

N2 문자·어휘

김기범, JLPT 교재개발연구회 저

동양북스

일 본 어 능 력 시 험

일단 합격
JLPT N2 문자·어휘

초판 4쇄 | 2023년 2월 25일

저   자 | 김기범, JLPT 교재개발연구회
발행인 | 김태웅
책임 편집 | 길혜진, 이선민
편집 및 교정 | 이주영
디자인 | 남은혜, 신효선
마케팅 | 나재승
제   작 | 현대순

발행처 | (주)동양북스
등   록 | 제 2014-000055호
주   소 | 서울시 마포구 동교로 22길 14 (04030)
구입 문의 | 전화 (02)337-1737   팩스 (02)334-6624
내용 문의 | 전화 (02)337-1762   dybooks2@gmail.com

ISBN 979-11-5768-555-4 18730
       979-11-5768-549-3 18730 (세트)

이 도서의 국립중앙도서관 출판예정도서목록(CIP)은 서지정보유통지원시스템 홈페이지(http://seoji.nl.go.kr)와
국가자료공동목록시스템(http://www.nl.go.kr/kolisnet)에서 이용하실 수 있습니다.
(CIP제어번호:CIP2019039332)

머리말

　외국어 학습에 있어서 어휘력은 절대적입니다. 아무리 문법적인 지식이 뛰어나다 하더라도 단어의 의미를 모르면 내용 파악(독해)이 제대로 될 리가 없습니다. 또한 자신의 의사를 상대에게 전달(스피킹)할 수도 없습니다. 게다가 상대방이 하는 말조차 충분히 알아들을(청해) 수가 없습니다. 따라서 모든 시험에서 측정하는 문법, 독해, 청해 문제를 풀기 위해서 어휘력이 없으면 아무 소용이 없습니다. 그러므로 외국어 학습에 있어서 어휘력은 절대적인 영향력을 갖는 필수 요소입니다.

　필자는 매년 일본어능력시험을 직접 응시하고 있습니다. 1996년부터 일본어능력시험을 한 번도 거르지 않고 있기 때문에, 기출 어휘에 대해서는 알게 모르게 머릿속에 저장이 되는 것 같습니다. 그렇기에 본 교재는 수험자의 입장과 출제자의 입장에서 집필할 수 있었습니다.

　본 교재에는 2010년부터 출제된 기출 어휘들이 알기 쉽게 분야별, 연도순으로 모두 수록되어 있고, 앞으로 출제가 될 것으로 예상되는 어휘들이 우선순위로 제시되어 있습니다. 그렇기 때문에, 학습자는 합격을 목표로 할 것인지, 고득점(만점)을 목표로 할 것인지에 따라서, 선택적으로 공부를 할 수 있습니다.

　일본어 공부를 하다가 싫증이 날 때는, 저자의 일본어 공부 카페(http://cafe.naver.com/kingjpt)를 활용해서, 자신에게 부족하다고 여겨지는 각종 일본어 자료를 활용할 수도 있습니다. 잘 모르는 것이 있거나, 이해가 잘 되지 않는 것이 있는 경우에는, 개인 메일(kgb310310@naver.com)로 저자에게 직접 질문이나 상담 등을 해보시기 바랍니다.

　아무쪼록 본 교재를 통해서 고득점자와 만점자가 다수 배출될 수 있기를 기원합니다.

聞くは一時の恥、聞かぬは一生の恥！
(묻는 것은 한 순간의 부끄러움, 묻지 않는 것은 일생의 부끄러움)

저자 김기범

이 책의 구성과 활용법

이 책은 JLPT(일본어능력시험) N2 문자·어휘에 대비할 수 있도록 구성된 수험서입니다. 2010년 개정 이후 출제된 어휘들을 학습하고 확실하게 복습할 수 있도록 짜여 있습니다. 이 책은 크게 네 개 파트로 이루어집니다. 처음 JLPT 문자·어휘 학습을 준비하는 학습자들을 위해 ❶ 유형을 분석하고, ❷ 기출 어휘를 먼저 살펴본 후 ❸ 출제 예상 어휘 학습으로 나아갑니다. 모든 어휘 학습을 마친 뒤에는 ❹ 실전 형식의 모의고사를 통해 마무리 실력 점검을 할 수 있습니다.

▶ PART 1 유형 공략
시험 유형과 꿀팁을 한눈에!

〈PART 1 유형 공략〉에서는 본격적인 학습에 앞서 시험에 출제되는 각 문제 유형을 제시하여 처음 JLPT를 접하는 학습자도 유형에 쉽게 적응할 수 있습니다. 또한 '합격 꿀팁'을 통해 고득점을 위한 비법도 확인할 수 있습니다.

▶ PART 2 기출 공략
지피지기면 백전백승, 기출 어휘 정복하기

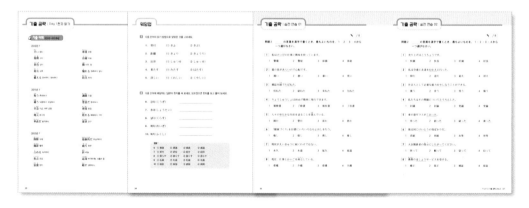

〈PART 2 기출 공략〉에서는 2010년부터 지금까지의 기출 어휘를 연도순으로 살펴봅니다. 기출 어휘 학습을 마친 후에는 간단한 유형의 워밍업 문제를 통해서 바로 앞에서 암기한 어휘를 확인합니다. 그 다음에는 실제 시험과 동일한 유형의 실전 연습 문제를 풀어 보면서 실전에 대비해 봅시다.

▶ PART 3 합격 공략

N2 문자·어휘 만점을 위한 실력 다지기

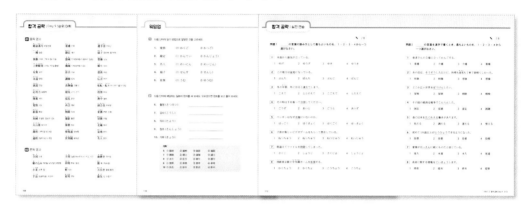

〈PART 3 합격 공략〉에서는 N2 출제 예상 어휘를 우선 순위별로 분류하고, 품사별로 정리하여 효율적으로 학습할 수 있도록 하였습니다. 합격 어휘 학습을 마친 후에는 마찬가지로 워밍업 문제를 통해서 바로 앞에서 암기한 어휘를 간단히 확인하고 실전 연습을 통해 문제 풀이 실력을 향상시켜 보세요.

▶ PART 4 실전 공략

문자·어휘 모의고사 5회분으로 마무리 점검

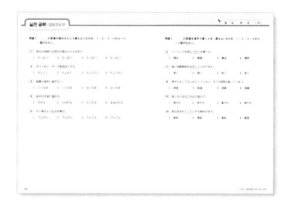

〈PART 4 실전 공략〉에서는 문자·어휘 문제로 구성된 모의고사 5회분을 풀이합니다. 실제로 시험을 보는 것처럼 시간을 정해 두고 문제를 풀이하세요. 문제를 다 푸는 데 걸린 시간과 정답의 개수를 기록하면서 시험을 보기 전 마지막으로 실력을 점검합니다.

JLPT(일본어능력시험)란?

❶ JLPT에 대해서

JLPT(Japanese-Language Proficiency Test)는 일본어를 모국어로 하지 않는 사람의 일본어 능력을 측정하고 인정하는 시험으로, 국제교류기금과 재단법인 일본국제교육지원협회가 주최하고 있습니다. 1984년부터 실시되고 있으며 다양화된 수험자와 수험 목적의 변화에 발맞춰 2010년부터 새로워진 일본어 능력시험이 연 2회(7월, 12월) 실시되고 있습니다.

❷ JLPT 레벨과 인정 기준

레벨	과목별 시간		인정 기준
	유형별	시간	
N1	언어지식(문자 · 어휘 · 문법) 독해	110분	기존 시험 1급보다 다소 높은 레벨까지 측정 [읽기] 논리적으로 약간 복잡하고 추상도가 높은 문장 등을 읽고, 문장의 구성과 내용을 이해할 수 있으며 다양한 화제의 글을 읽고, 이야기의 흐름이나 상세한 표현 의도를 이해할 수 있다. [듣기] 자연스러운 속도의 체계적 내용의 회화나 뉴스, 강의를 듣고, 내용의 흐름 및 등장인물의 관계나 내용의 논리구성 등을 상세히 이해하거나, 요지를 파악할 수 있다.
	청해	60분	
	계	170분	
N2	언어지식(문자 · 어휘 · 문법) 독해	105분	기존 시험의 2급과 거의 같은 레벨 [읽기] 신문이나 잡지의 기사나 해설, 평이한 평론 등, 논지가 명쾌한 문장을 읽고 문장의 내용을 이해할 수 있으며, 일반적인 화제에 관한 글을 읽고, 이야기의 흐름이나 표현 의도를 이해할 수 있다. [듣기] 자연스러운 속도의 체계적 내용의 회화나 뉴스를 듣고, 내용의 흐름 및 등장인물의 관계를 이해하거나, 요지를 파악할 수 있다.
	청해	50분	
	계	155분	
N3	언어지식(문자 · 어휘)	105분	기존 시험의 2급과 3급 사이에 해당하는 레벨(신설) [읽기] 일상적인 화제에 구체적인 내용을 나타내는 문장을 읽고 이해할 수 있으며, 신문의 기사 제목 등에서 정보의 개요를 파악할 수 있다. 일상적인 장면에서 난이도가 약간 높은 문장을 바꿔 제시하며 요지를 이해할 수 있다. [듣기] 자연스러운 속도의 체계적 내용의 회화를 듣고, 이야기의 구체적인 내용을 등장인물의 관계 등과 함께 거의 이해할 수 있다.
	언어지식(문법) · 독해		
	청해	40분	
	계	145분	
N4	언어지식(문자 · 어휘)	95분	기존 시험 3급과 거의 같은 레벨 [읽기] 기본적인 어휘나 한자로 쓰여진, 일상생활에서 흔하게 일어나는 화제의 문장을 읽고 이해할 수 있다. [듣기] 일상적인 장면에서 다소 느린 속도의 회화라면 거의 내용을 이해할 수 있다.
	언어지식(문법) · 독해		
	청해	35분	
	계	130분	
N5	언어지식(문자 · 어휘)	80분	기존 시험 4급과 거의 같은 레벨 [읽기] 히라가나나 가타카나, 일상생활에서 사용되는 기본적인 한자로 쓰인 정형화된 어구나 문장을 읽고 이해할 수 있다. [듣기] 일상생활에서 자주 접하는 장면에서 느리고 짧은 회화로부터 필요한 정보를 얻어낼 수 있다.
	언어지식(문법) · 독해		
	청해	30분	
	계	110분	

❸ 시험 결과의 표시

레벨	득점 구분	인정 기준
N1	언어지식(문자 · 어휘 · 문법)	0~60
	독해	0~60
	청해	0~60
	종합득점	0~180
N2	언어지식(문자 · 어휘 · 문법)	0~60
	독해	0~60
	청해	0~60
	종합득점	0~180
N3	언어지식(문자 · 어휘 · 문법)	0~60
	독해	0~60
	청해	0~60
	종합득점	0~180
N4	언어지식(문자 · 어휘 · 문법) · 독해	0~120
	청해	0~60
	종합득점	0~180
N5	언어지식(문자 · 어휘 · 문법) · 독해	0~120
	청해	0~60
	종합득점	0~180

❹ 시험 결과 통지의 예

다음 예와 같이 ① '득점구분별 득점'과 각 득점구분별 득점을 합계한 ② '종합득점', 앞으로의 일본어 학습을 위한 ③ '참고 정보'를 통지합니다. ③ '참고 정보'는 합격/불합격 판정 대상이 아닙니다.

※예 : N2를 수험한 Y씨의 '합격/불합격 통지서'의 일부 성적 정보(실제 서식은 변경될 수 있습니다.)

① 득점 구분별 득점			② 종합 득점
언어지식 (문자 · 어휘 · 문법)	독해	청해	120/180
50/60	30/60	40/60	

③ 참고 정보	
문자 · 어휘	문법
A	C

A 매우 잘했음 (정답률 67% 이상)
B 잘했음 (정답률 34%이상 67% 미만)
C 그다지 잘하지 못했음 (정답률 34% 미만)

차례

PART 1 유형 공략

PART 2 기출 공략

PART 3 합격 공략

PART 4 실전 공략

*이 책에 나온 문제의 정답과 해석은 표지의 QR코드를 스캔하거나 동양북스 홈페이지 (www.dongyangbooks.com) 도서 자료실에 접속하면 확인할 수 있습니다.

학습 플래너

★ 날짜를 기록하면서 진도를 확인해 보세요.

Day 1   월   일
- 기출 어휘
- 워밍업
- 실전 연습 01~04

Day 2   월   일
- 기출 어휘
- 워밍업
- 실전 연습 01~04

Day 3   월   일
- 기출 어휘
- 워밍업
- 실전 연습 01~04

Day 4   월   일
- 기출 어휘
- 워밍업
- 실전 연습 01~04

Day 5   월   일
- 기출 어휘
- 워밍업
- 실전 연습 01~04

Day 6   월   일
- 기출 어휘
- 워밍업
- 실전 연습 01~04

Day 7   월   일
- 1순위 어휘
- 워밍업
- 실전 연습

Day 8   월   일
- 1순위 어휘
- 워밍업
- 실전 연습

Day 9   월   일
- 1순위 어휘
- 워밍업
- 실전 연습

Day 10   월   일
- 1순위 어휘
- 워밍업
- 실전 연습

Day 11   월   일
- 2순위 어휘
- 워밍업
- 실전 연습

Day 12   월   일
- 2순위 어휘
- 워밍업
- 실전 연습

Day 13   월   일
- 2순위 어휘
- 워밍업
- 실전 연습

Day 14   월   일
- 2순위 어휘
- 워밍업
- 실전 연습

Day 15   월   일
- 2순위 어휘
- 워밍업
- 실전 연습

Day 16   월   일
- 3순위 어휘
- 워밍업
- 실전 연습

Day 17   월   일
- 3순위 어휘
- 워밍업
- 실전 연습

Day 18   월   일
- 3순위 어휘
- 워밍업
- 실전 연습

Day 19   월   일
- 3순위 어휘
- 워밍업
- 실전 연습

Day 20   월   일
- 3순위 어휘
- 워밍업
- 실전 연습

최종 점검

☐ 모의고사 01	☐ 모의고사 02	☐ 모의고사 03	☐ 모의고사 04	☐ 모의고사 05
/ 30	/ 30	/ 30	/ 30	/ 30

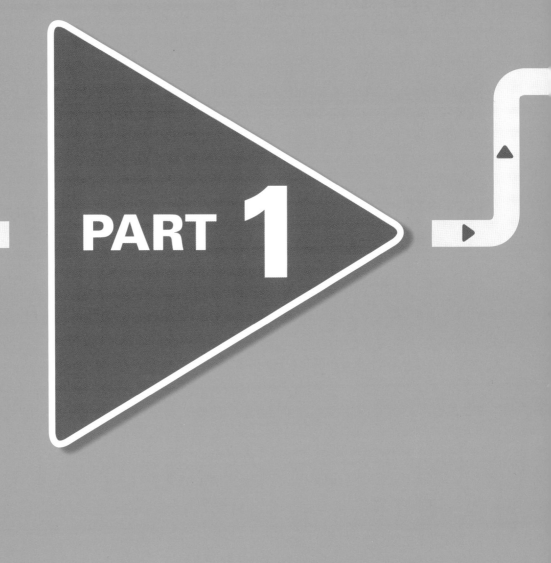

PART 1

유형
공략

〈PART 1 유형 공략〉에서는 각 문제 유형의 대략적인 개요를 살펴봅니다. 본격적인 문자·어휘 학습에 앞서 문제 유형의 기본적인 정보를 확인합니다. 각각의 문제에 대해 간단하게 정리해 두었으니 가볍게 읽으며 워밍업을 합니다.

問題1은 한자 읽기 문제로, 밑줄이 있는 한자의 정확한 히라가나 표기를 보기에서 고르는 문제이다. 5문항이 출제되며, 1~2분 이내에 풀 수 있도록 한다. 밑줄 친 부분만 보고 문제를 풀 수 있도록 한다.

예시

問題 1 ＿＿＿＿の言葉の読み方として最もよいものを、１・２・３・４から一つ 選びなさい。

1 戦後、日本は貧しい時代を経験した。

1 まずしい　　　2 きびしい　　　3 けわしい　　　4 はげしい

2 この黒い種からどんな花がさくのだろうか。

1 だね　　　　2 たね　　　　3 じゅ　　　　4 しゅ

---

1 전후, 일본은 궁핍한 시대를 경험했다. | ① まずしい
① 貧しい 궁핍하다(가난하다)　　② 厳しい 어렵다(혹독하다)
③ 険しい 험하다　　　　　　　　④ 激しい 격렬하다

2 이 검은 씨앗에서 어떤 꽃이 피는 것일까? | ② たね(種) 종자(씨), 재료
• 음독 한자(しゅ)인지, 훈독 한자(たね)인지 확인한다.

합격 꿀팁

1. 밑줄 친 부분만 보고 정답을 고른다.
2. 음독 한자인지 훈독 한자인지 확인한다.
    예 削除(さくじょ): 음독 한자,　　除(のぞ)く: 훈독 한자
3. 장음인지, 「う」발음이 들어가는지 확인한다.
    예 抽選: ちゅうせん (O)　　ちゅせん (X)
4. 촉음이 들어가는지, 탁음인지 확인한다.
    예 密閉: みっぺい (O)　　みつへい (X)
5. 5문항을 1분 이내에 풀 수 있도록 한다.

問題2는 한자 표기 문제로, 밑줄이 있는 히라가나의 한자 표기로 알맞은 것을 고르는 문제이다. 5문항이 출제되며, 2~3분 이내에 풀 수 있도록 한다. 동음이의어에 주의하도록 한다.

예시 ↘

問題2 ＿＿＿＿の言葉を漢字で書くとき、最もよいものを、1・2・3・4から一つ選びなさい。

1 今日は、ごみの<u>しゅうしゅう</u>日ですか。

1 拾集   2 修集   3 取集   4 収集

2 このカメラはデザインも性能も<u>すぐれて</u>いる。

1 超れて   2 恵れて   3 秀れて   4 優れて

---

1 오늘은, 쓰레기 <u>수집</u>일입니까? | ④ 収集(しゅうしゅう) 수집

- しゅう:「拾」,「修」,「収」의 발음이 같은 한자(동음이의어)에 주의하자.

2 이 카메라는 디자인도 성능도 <u>뛰어나다</u>. | ④ 優れて

- 의미는 비슷하지만 읽는 것이 다른 것에 주의하자.
  ① 超(こ)える 초월하다   ② 恵(めぐ)まれる 혜택받다
  ③ 秀(ひい)でる 뛰어나다   ④ 優(すぐ)れる 우수하다

합격 꿀팁

1. 밑줄 친 부분만 보고 정답을 고른다.
2. 형태가 비슷한 한자에 주의한다.
   📌 護 : 도울 호, 穫 : 거둘 확, 땅 이름 호
   (한자의 부수, 「言」과 「禾」의 다른 것을 신속하게 파악해야 한다.)
3. 음이 같고 형태도 비슷한 한자에 주의한다.
   📌 せいさん : 精算 정산 (O), 清算 청산 (X)
   (동음이의어인 경우에는, 문맥상 '정산'의 의미인지, '청산'의 의미인지 구분해서 정답을 골라야 한다.)
4. 5문항을 2분 이내에 풀 수 있도록 한다.

問題3은 단어 형성 문제로, 파생어(접두어, 접미어)나 복합어를 보기에서 고르는 문제이다.
3문항(최근 5문항에서 3문항으로 축소됨)이 출제되며, 1~2분 이내에 풀 수 있도록 한다.
과거에 출제된 문제가 반복해서 출제되는 경우가 많다.

예시

問題3 （　　　）に入れるのに最もよいものを、１・２・３・４から一つ選びなさい。

1 新しい商品を売るために、彼は毎日忙しく飛び（　　　）いる。

　1　かかって　　　2　かけて　　　3　まわって　　　4　まわして

2 あの映画の最後は（　　　）場面として知られている。

　1　名　　　　2　高　　　　3　良　　　　4　真

---

1 새로운 상품을 팔기 위해, 그는 매일 바쁘게 <u>뛰어다니고</u> 있다. | ③ 飛び回って
　① 飛びかかる 덤벼들다　　② 飛びかける 공중을 날아가다
　③ 飛び回る 뛰어다니다
　　• 복합 동사 사용에 주의하도록 한다.

2 그 영화의 마지막은 <u>명장면으로</u> 알려져 있다. | ① 名場面 명장면
　① 名〜 명〜(훌륭하거나 유명하다는 뜻)　　② 高〜 고〜(높다는 뜻)
　③ 良〜 양〜(양호하다는 뜻)　　④ 真〜 진〜(진실하거나 바르다는 뜻)
　　• 접두어 사용에 주의하도록 한다.

합격 꿀팁

1. 보기에 주어진 접두어, 접미어, 복합어 등을 빈칸에 넣어본다.
2. 그것이 올바른 표현인지 생각하고, 앞뒤 문맥과 자연스러운 단어를 고른다.
3. 과거에 출제된 기출 문제는 반드시 암기해 두도록 한다.
4. 3문항을 1분 이내에 풀 수 있도록 한다.

問題4는 문맥 규정 문제로, 한 문장 안의 빈칸에 문맥적으로 가장 적당한 단어를 보기에서 고르는 문제이다.
7문항이 출제되며, 3~4분 이내에 풀 수 있도록 한다.

예시

問題4　（　　　　）に入れるのに最もよいものを、１・２・３・４から一つ選びなさい。

1　日本人の平均（　　　　）は、男性が７９歳、女性が８６歳である。

1　生命　　　　　　2　寿命　　　　　　3　人生　　　　　4　一生

2　ＣＤの売り上げは３年（　　　　）で減少しているそうだ。

1　連続　　　　　　2　接続　　　　　　3　持続　　　　　4　相続

1　일본인의 평균 수명은, 남성이 79세, 여성이 86세이다. ｜ ② 寿命
　① 生命 생명　　　② 寿命 수명
　③ 人生 인생　　　④ 一生 일생

2　CD의 매상은 3년 연속으로 감소하고 있다고 있다. ｜ ① 連続
　① 連続 연속　　　② 接続 접속
　③ 持続 지속　　　④ 相続 상속

합격 꿀팁

1. 빈칸의 앞뒤 문맥으로 어떤 의미를 지닌 단어가 적합한지 생각한다.
2. 적합한 단어가 떠오르지 않을 경우에는, 보기에 나와 있는 단어를 하나씩 대입해 본다.
3. 정답과 전혀 연관성이 없는 단어는 과감하게 ×표시를 한다.
　예) ブレーキに異常がないか、（　　　）している。
　　　① 参観　② 検診　③ 観測　④ 点検
4. 단순히 문맥적으로 의미가 통하는 것이 아니라, 가장 알맞은 것을 고르도록 한다.
　예) ブレーキに異常がないか、(点検)している。
　　　② 検診　④ 点検
　　・「検診(けんしん) 검진」은 건강 상태와 질병의 유무를 검사하고 진찰하는 것을 나타내고,「点検(てんけん) 점검」
　　　은 낱낱이 검사하는 것을 나타낸다.
5. 7문항을 3분 이내에 풀 수 있도록 한다.

問題5는 유의어 문제로, 밑줄이 있는 단어나 표현과 의미적으로 가장 가까운 단어나 표현을 고르는 문제이다.

5문항이 출제되며, 2~3분 이내에 풀 수 있도록 한다. 출제되는 단어나 표현의 대체 표현이 아니라, 의미적으로 가장 가까운 것을 선택하는 문제임을 명심해야 한다.

예시

問題5 ＿＿＿＿＿の言葉に意味が最も近いものを、 １・２・３・４から一つ選びなさい。

1 田中さんは単なる友人です。

　1　大切な　　　　　2　一生の　　　　　3　ただの　　　　　4　唯一の

2 あの人のお母さんはいつもほがらかです。

　1　おとなしい　　　2　まじめ　　　　　3　りっぱ　　　　　4　あかるい

---

1 다나카 씨는 단순한 친구입니다. | ③ ただの
　① 大切(たいせつ)な 소중한　　② 一生(いっしょう)の 일생의
　③ ただの 단순한　　　　　④ 唯一(ゆいいつ)の 유일한

2 저 사람의 어머니는 언제나 명랑합니다. | ④ あかるい
　① おとなしい 얌전하다　② まじめ 성실　③ りっぱ 훌륭　④ あかるい 밝다

합격 꿀팁

1. 밑줄 친 부분만 보고 정답을 고른다.
2. 대체 표현이 아니라, 의미적으로 가장 가까운 것을 고른다.
　📖 犬は利口な動物です。　개는 영리한 동물입니다. ・利口(りこう) 영리함, 똑똑함
　　① かわいい　　② 頭がいい　　③ 元気な　　④ かっこいい
3. 출제 기준 어휘(N1)에서도 가끔씩 출제된다.
　📖 じたばたしてもしかたない。 바동바동해도 어쩔 수 없다. ・じたばた 바동바동
　　① 慌てても　　② 心配しても　　③ 緊張しても　　④ 悩んでも
4. 5문항을 2분 이내에 풀 수 있도록 한다.

問題6는 용법 문제로, 제시된 단어가 문장 안에서 올바르게 사용된 것을 고르는 문제이다. 5문항이 출제되며, 8~10분 이내에 풀 수 있도록 한다. 제시된 단어를 정확하게 알고 있어야 풀 수 있다.

예시

問題6 次の言葉の使い方として最もよいものを、1・2・3・4から一つ選びなさい。

1 余計

1 一人暮らしだと野菜がすぐ余計になってしまう。

2 話が複雑になるから、余計なことは言わないで。

3 余計があったら、ひとつ貸してもらえませんか。

4 このごろ仕事が忙しくて、遊びに行く余計がない。

---

1 余計(よけい) 쓸데없음 | ②

① 독신 생활이면 채소가 곧 귀찮아져 버린다.

② 이야기가 복잡하게 되니까, 쓸데없는 것은 말하지 마.(O)

③ 여분이 있으면, 하나 빌릴 수 없겠습니까?

④ 요즘음 일이 바빠서 놀러 갈 여유가 없다.

   • ①번은 「面倒(めんどう) 귀찮음」, ③번은 「余分(よぶん) 여분」, ④번은 「余裕(よゆう) 여유」로 바꿔 쓰는 것이 자연스럽다.

합격 꿀팁

1. 제시된 단어의 의미를 정확하게 알고 있어야 한다.
2. 제시된 단어와 연관된 표현을 생각해 본다.
3. 단어 공부는 예문도 같이 하도록 한다.
4. 평소에 많은 문장을 접할 수 있어야 한다.
5. 5문항을 10분 이내에 풀 수 있도록 한다.

① 기출 어휘

2010년부터 2018년도까지 N2 문자·어휘 시험에 출제된 기출 어휘를 연도순으로 나눠 정리하였습니다.

② 워밍업

기출 어휘 학습을 마친 후에는 간단한 문제를 통해 빠르게 복습해 볼 수 있습니다.

③ 실전 연습

실제 일본어 능력시험(JLPT) N2의 문자·어휘 시험과 동일한 형식의 문제를 풀어 보면서 실전에 대비할 수 있습니다.

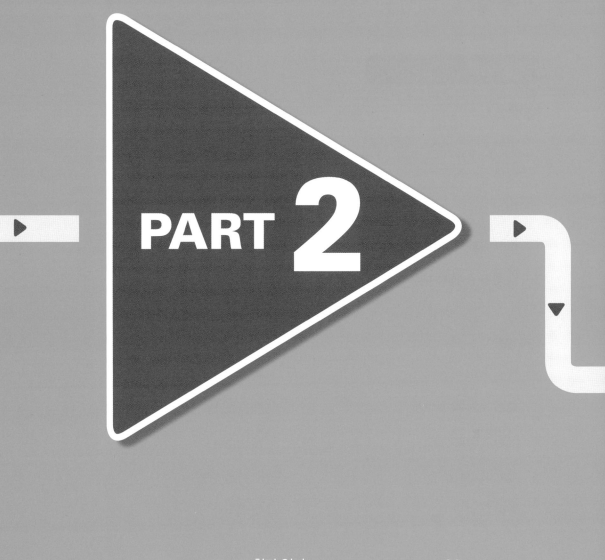

PART 2

〈PART 2 기출 공략〉에서는 실제 일본어 능력시험(JLPT) N2의 문자·어휘에서 출제된 어휘를 문제 유형별로 살펴봅니다. 기출 어휘를 학습한 다음에는 워밍업을 통해 앞에서 배운 어휘를 복습하고 실전 연습으로 실력을 쌓아 보세요.

📖 기출 어휘 2010~2018년

2010년

- □ 辛い 맵다
- □ 規模 규모
- □ 景色 경치
- □ 相互 상호
- □ 備える 준비하다, 대비하다
- □ 尊重 존중
- □ 治療 치료
- □ 隣 이웃, 옆
- □ 触れる 접촉하다, 닿다
- □ 防災 방재

2011년

- □ 祝う 축하하다
- □ 補う 보충하다, 보상하다
- □ 至急 지급, 매우 급함
- □ 地元 본고장
- □ 率直だ 솔직하다
- □ 調節 조절
- □ 豊富だ 풍부하다
- □ 密接 밀접
- □ 敗れる 패배하다, 지다
- □ 要求 요구

2012년

- □ 削除 삭제
- □ 撮影 촬영
- □ 占める 차지하다
- □ 焦点 초점
- □ 装置 장치
- □ 抽象的だ 추상적이다
- □ 破片 파편
- □ 針 바늘
- □ 返却 반각(반환), 되돌려 줌
- □ 略す 생략하다

2013년

- [ ] 改めて 딴 기회에, 새삼스럽게
- [ ] 拡充 확충
- [ ] 隠す 감추다
- [ ] 勧誘 권유
- [ ] 姿勢 자세

- [ ] 清潔だ 청결하다
- [ ] 積む 쌓다, 싣다
- [ ] 逃亡 도망
- [ ] 模範 모범
- [ ] 世の中 세상

2014년

- [ ] 圧勝 압승
- [ ] 傷みやすい 상하기 쉽다
- [ ] 大幅だ 큰 폭이다, 대폭적이다
- [ ] 極端だ 극단적이다
- [ ] 悔しい 분하다

- [ ] 継続 계속
- [ ] 除く 제거하다, 제외하다
- [ ] 貿易 무역
- [ ] 戻す 되돌리다
- [ ] 幼稚だ 유치하다, 미숙하다

2015년

- [ ] 囲む 두르다, 둘러싸다
- [ ] 行事 행사
- [ ] 拒否 거부
- [ ] 現象 현상
- [ ] 省略 생략

- [ ] 損害 손해
- [ ] 乏しい 부족하다, 결핍하다
- [ ] 憎い 밉다
- [ ] 含める 포함시키다
- [ ] 油断だ 방심하다

2016년

- 怪しい (あや) 수상하다, 의심스럽다
- 納める (おさ) 납입하다, 거두다
- 劣る (おと) 딴 것만 못하다, 뒤떨어지다
- 願望 (がんぼう) 원망(소망), 소원
- 競う (きそ) 다투다, 경쟁하다

- 貴重だ (き ちょう) 귀중하다
- 治療 (ち りょう) 치료
- 伴う (ともな) 동반하다, 수반하다
- 批評 (ひ ひょう) 비평
- 容姿 (よう し) 용모와 자태

2017년

- 幼い (おさな) 어리다, 미숙하다
- 抱える (かか) 껴안다, 떠안다
- 求人 (きゅうじん) 구인
- 絞る (しぼ) 짜다, 좁히다
- 柔軟だ (じゅうなん) 유연하다

- 垂直だ (すいちょく) 수직이다
- 強火 (つよ び) 강한 불
- 握る (にぎ) 쥐다, 잡다
- 乱れる (みだ) 어지러워지다, 흐트러지다
- 密閉 (みっぺい) 밀폐

2018년

- 企画 (き かく) 기획
- 怖い (こわ) 무섭다
- 再度 (さい ど) 두 번, 재차
- 湿る (しめ) 습기 차다, 축축해지다
- 処理 (しょ り) 처리

- 総額 (そうがく) 총액
- 抽選 (ちゅうせん) 추첨
- 和やかだ (なご) 온화하다(부드럽다), 화목하다
- 離れる (はな) 떨어지다, 관계가 없어지다
- 冷蔵庫 (れいぞう こ) 냉장고

⊗ 기출 경향 분석

● **유형**

1. 밑줄이 있는 한자의 정확한 히라가나 표기를 보기에서 고르는 문제이다.
2. 과거 시험에서는 한 문장 안에서 복수의 한자 읽기를 묻는 유형이었지만, 개정된 시험에서는 한 문장에서 하나의 단어만 묻는다.

● **문항수(5문항)**

1. 명사 : 60~70%, 동사 : 20~40%, 형용사 : 0~20%의 비율로 출제된다.
2. 과거 시험(2급)에서는 출제 기준 어휘(2급)로 명시된 부분에서 거의 대부분이 출제되었지만, 개정된 시험(N2)에서는 출제 기준 어휘(N1)로 명시된 어휘들이 많이 출제되고 있다.

● **학습 방법**

1. 어휘(단어)는 음독/훈독, 장음/단음, 촉음/탁음 등에 유의하면서 암기하도록 한다.
2. 평소에 신문의 사설 등을 읽으면서 모르는 한자는 메모를 해 두는 것이 좋다. 하루에 조금 씩이라도 한자를 외우도록 노력하면서 꾸준히 공부하면 좋을 것이다.

워밍업

1 다음 단어의 읽기 방법으로 알맞은 것을 고르세요.

1. 景色 　　　(① けしき 　　　② けいしき)

2. 率直 　　　(① そつちょく 　　② そっちょく)

3. 極端 　　　(① きょくたん 　　② ごくたん)

4. 冷蔵庫 　　(① れいぞうこ 　　② れいじょうこ)

5. 辛い 　　　(① こわい 　　　② からい)

2 다음 단어에 해당하는 일본어 한자를 써 보세요. 모르겠으면 힌트를 보고 풀어 보세요.

6. 치료 (ちりょう) 　　　_____

7. 권유 (かんゆう) 　　　_____

8. 도망 (とうぼう) 　　　_____

9. 납입하다 (おさめる) 　　_____

10. 방심 (ゆだん) 　　　_____

힌트

6 ① 治僚	② 治療	③ 活僚	④ 活療
7 ① 歓誘	② 勧秀	③ 歓秀	④ 勧誘
8 ① 逃亡	② 逃忙	③ 挑亡	④ 挑忙
9 ① 収める	② 支める	③ 納める	④ 払める
10 ① 由断	② 油団	③ 由団	④ 油断

3 다음 밑줄 친 한자를 히라가나로 써 보세요.

11. 小学生を対象とした<u>防災</u>教育を行います。 ＿＿＿＿＿＿＿＿

12. 老後に<u>備</u>えて貯金する。 ＿＿＿＿＿＿＿＿

13. 事業の<u>規模</u>を拡大する。 ＿＿＿＿＿＿＿＿

14. <u>地元</u>候補を応援した。 ＿＿＿＿＿＿＿＿

15. ウイスキーは空気に<u>触</u>れるとまずくなる。 ＿＿＿＿＿＿＿＿

4 다음 괄호 안에 들어갈 단어로 알맞은 것을 고르세요.

16. ライバルに1対2で（① こわれて　② やぶれて）しまった。

17. 山田様、（① 至急　② 緊急）ご連絡ください。

18. （① 隣　② 横）に留守を頼む。

19. 日本を外から見ることができた（① 貴重　② 重大）な経験でした。

20. 事務的に（① 処置　② 処理）したほうが能率的である。

✦ **정답**

1 ①　**2** ②　**3** ①　**4** ①　**5** ②　**6** ②　**7** ④　**8** ①　**9** ③　**10** ④
11 ぼうさい　**12** そなえて　**13** きぼ　**14** じもと　**15** ふれる　**16** ②　**17** ①　**18** ①　**19** ①　**20** ②

✏️ / 8

問題1 　＿＿＿の言葉の読み方として最もよいものを、1・2・3・4から一つ
　　　選びなさい。

1 　今回の企画は、現地からの提案を受けて成立した。

　　1　きかく　　　　2　しかく　　　　3　しが　　　　4　きが

2 　新幹線料金の総額が一目でわかる料金表です。

　　1　こうかく　　　2　そうかく　　　3　こうがく　　　4　そうがく

3 　最後に強火で水分をとばす。

　　1　つよか　　　　2　きょうか　　　3　つよび　　　　4　きょうび

4 　彼女が手を握ってくれた。

　　1　ほって　　　　2　ふって　　　　3　こすって　　　4　にぎって

5 　こうしたサイトはまず怪しいと思った方がいいです。

　　1　おかしい　　　2　あやしい　　　3　くやしい　　　4　むなしい

6 　希望の求人がなかなか見つからない。

　　1　きゅじん　　　2　きゅにん　　　3　きゅうじん　　4　きゅうにん

7 　彼は家族に囲まれて座っていた。

　　1　つかまれて　　2　かこまれて　　3　つつまれて　　4　はさまれて

8 　妹は４月以降も継続して入院していた。

　　1　けいぞく　　　2　じぞく　　　　3　けいそく　　　4　じそく

✏ / 8

問題1 _____ の言葉の読み方として最もよいものを、1・2・3・4から一つ選びなさい。

1 利用時間以外でも図書館の本を<u>返却</u>できますか。

1 へんきょく　　　2 へんきゃ　　　3 へんきゃく　　　4 へんきょ

2 スケジュールが決まったら<u>再度</u>連絡します。

1 さいど　　　　　2 さいどう　　　3 ざいど　　　　　4 ざいどう

3 最近、忙しくて食生活が<u>乱れ</u>ている。

1 つぶれて　　　　2 みだれて　　　3 くずれて　　　　4 よごれて

4 これを<u>垂直</u>に立ててください。

1 すいじき　　　　2 すいちょく　　3 ついじき　　　　4 ついちょく

5 母親が好きなのに<u>憎い</u>です。

1 ずるい　　　　　2 こわい　　　　3 ひどい　　　　　4 にくい

6 <u>容姿</u>が良いほうが成功するだろう。

1 よす　　　　　　2 ようす　　　　3 よし　　　　　　4 ようし

7 負けることは、大人になっても<u>悔しい</u>ことです。

1 くやしい　　　　2 かなしい　　　3 おそろしい　　　4 はずかしい

8 彼は同僚の論文を<u>批評</u>した。

1 ひへい　　　　　2 ひべい　　　　3 ひひょう　　　　4 ひびょう

✏ / 8

問題1 ＿＿＿＿＿の言葉の読み方として最もよいものを、１・２・３・４から一つ
選びなさい。

1 年中行事が行われる時期は以下のとおりです。

1 ぎょうじ 　　　 2 こうじ 　　　 3 ぎょうごと 　　　 4 こうごと

2 テーマを絞ったセミナーを開催する。

1 けずった 　　　 2 うかがった 　　　 3 しぼった 　　　 4 さぐった

3 解決方法を柔軟に考える。

1 じゅなん 　　　 2 じゅうなん 　　　 3 じゅけつ 　　　 4 じゅうけつ

4 着信拒否した電話番号を確認する。

1 きょひ 　　　 2 きょふ 　　　 3 きょうひ 　　　 4 きょうふ

5 管理条件以外の場所では効果が劣る。

1 まける 　　　 2 へる 　　　 3 おちる 　　　 4 おとる

6 ほんとにあった怖い話である。

1 きつい 　　　 2 こわい 　　　 3 つらい 　　　 4 ゆるい

7 結婚願望がないわけではない。

1 げんぼ 　　　 2 がんぼ 　　　 3 がんぼう 　　　 4 げんぼう

8 二人は長いテーブルに離れて座っている。

1 かくれて 　　　 2 はずれて 　　　 3 わかれて 　　　 4 はなれて

✏️ / 8

問題1 ＿＿＿＿の言葉の読み方として最もよいものを、1・2・3・4から一つ
選びなさい。

1 彼は貿易会社で働いている。

1 ぼうえき 　　　2 もうえき 　　　3 ぼうい 　　　4 もうい

2 この部分だけは省略することができない。

1 しょうらく 　　2 しょうかく 　　3 しょうじゃく 　　4 しょうりゃく

3 無理な運転(うんてん)は危険を伴う。

1 すくう 　　　　2 あつかう 　　　3 はらう 　　　4 ともなう

4 弟は幼稚な行動を繰り返している。

1 ようち 　　　　2 ようし 　　　　3 ゆうち 　　　4 ゆうし

5 中国とインドは力と影響力を競っている。

1 ねらって 　　　2 うばって 　　　3 きそって 　　　4 あらそって

6 彼はもう大学生なのに，考え方に幼いところがある。

1 ずるい 　　　　2 おさない 　　　3 くどい 　　　4 しつこい

7 被害者の損害が大きい。

1 さいかい 　　　2 そんかい 　　　3 さいがい 　　　4 そんがい

8 僕も大きな問題を抱えている。

1 ささえて 　　　2 おさえて 　　　3 かかえて 　　　4 つかまえて

기출 어휘 2010~2018년

2010년

☐ 焦る 안달하다, 초조하게 굴다

☐ 運賃 운임

☐ 開催 개최

☐ 暮らす 살다, 하루를 보내다

☐ 撮影 촬영

☐ 出世 출세

☐ 頼り 의지

☐ 伝統 전통

☐ 乱れる 어지러워지다, 흐트러지다

☐ 礼儀 예의

2011년

☐ 与える 주다, 수여하다

☐ 管理 관리

☐ 誘う 꾀다, 자아내다

☐ 象徴 상징

☐ 属する 속하다

☐ 登録 등록

☐ 討論 토론

☐ 激しい 세차다, 격심하다

☐ 福祉 복지

☐ 変更 변경

2012년

☐ 扱う 다루다, 취급하다

☐ 勢い 기세, 위세

☐ 至るところ 도처에, 가는 곳마다

☐ 訪れる 방문하다, (시기가) 찾아오다

☐ 肩 어깨

☐ 収穫 수확

☐ 積極的だ 적극적이다

☐ 組織 조직

☐ 抵抗 저항

☐ 導く 인도하다, 지도하다

2013년

- 傾く 기울다, 한쪽으로 쏠리다
- 寄付 기부
- 削る 깎다, 삭감하다
- 講義 강의
- 招待 초대

- 真剣だ 진심이다, 진지하다
- 責める 비난하다, 재촉하다
- 即座に 즉석에서
- 努める 힘쓰다, 노력하다
- 果たす 완수하다, 다하다

2014년

- 援助 원조
- 劣る 딴 것만 못하다, 뒤떨어지다
- 詳しい 상세하다, 자세하다
- 逆らう 거스르다, 거역하다
- 湿っぽい 좀 축축하다, 침울하다

- 接続 접속
- 批判 비판
- 拾う 줍다, 골라내다
- 面倒だ 귀찮다, 돌보다
- 破れる 찢어지다, 터지다(깨지다)

2015년

- 鮮やかだ 선명하다, 산뜻하다
- 争う 다투다, 경쟁하다
- 腕 팔, 솜씨(실력)
- 驚く 놀라다
- 距離 거리

- 講師 강사
- 混乱 혼란
- 指摘 지적
- 順調 순조
- 恵まれる 혜택을 받다, 풍족하다

2016년

- ☐ 簡潔だ （かんけつ） 간결하다
- ☐ 硬貨 （こうか） 경화, 금속 화폐
- ☐ 快い （こころよ） 상쾌하다, 기분 좋다
- ☐ 焦げる （こ） 눋다, 타다
- ☐ 参照 （さんしょう） 참조

- ☐ 症状 （しょうじょう） 증상
- ☐ 製造 （せいぞう） 제조
- ☐ 保証 （ほしょう） 보증
- ☐ 招く （まね） 초대(초빙)하다, 초래하다
- ☐ 催し （もよお） 주최, 모임(행사)

2017년

- ☐ 荒い （あら） 거칠다, 난폭하다
- ☐ 永久 （えいきゅう） 영구
- ☐ 好調 （こうちょう） 호조
- ☐ 凍る （こお） 얼다
- ☐ 在籍 （ざいせき） 재적

- ☐ 従う （したが） 따르다
- ☐ 救う （すく） 구하다
- ☐ 討論 （とうろん） 토론
- ☐ 福祉 （ふくし） 복지
- ☐ 領収書 （りょうしゅうしょ） 영수증

2018년

- ☐ 介護 （かいご） 개호, 간호
- ☐ 系統 （けいとう） 계통
- ☐ 警備 （けいび） 경비
- ☐ 精算 （せいさん） 정산
- ☐ 束ねる （たば） 묶다, 통괄하다

- ☐ 省く （はぶ） 생략하다, 줄이다
- ☐ 破片 （はへん） 파편
- ☐ 迎え （むか） 마중, 맞이함
- ☐ 養う （やしな） 기르다, 부양하다
- ☐ 豊かだ （ゆた） 풍족하다, 풍부하다

⊗ 기출 경향 분석

● **유형**

1. 밑줄이 있는 히라가나의 한자 표기로 알맞은 것을 고르는 문제이다.
2. 과거 시험에서는 한 문장 안에서 복수의 표기를 묻는 유형이었지만, 개정된 시험에서는 한 문장에서 하나의 단어만 묻는다.

● **문항수(5문항)**

명사와 동사 부분의 출제 비중이 가장 높지만, 형용사(い형용사/な형용사), 부사 등에서도 꾸준하게 출제되고 있다.

● **학습 방법**

형태가 비슷한 한자, 음이 같고 형태도 비슷한 한자들을 묶어서 학습하는 것이 좋다. 시험 보기 직전에 한 번 더 공부하면, 보다 능률적이고 효과적으로 대처할 수 있다.

1 다음 단어의 읽기 방법으로 알맞은 것을 고르세요.

1. 寄付 　　(① きふ　　　　② きぶ)

2. 距離 　　(① きょり　　　② きょうり)

3. 出世 　　(① しゅつせ　　② しゅっせ)

4. 果たす 　(① みたす　　　② はたす)

5. 詳しい 　(① くわしい　　② くやしい)

2 다음 단어에 해당하는 일본어 한자를 써 보세요. 모르겠으면 힌트를 보고 풀어 보세요.

6. 강의(こうぎ)　　＿＿＿＿＿＿＿＿＿＿＿＿＿

7. 초대(しょうたい)　＿＿＿＿＿＿＿＿＿＿＿＿＿

8. 살다(くらす)　　＿＿＿＿＿＿＿＿＿＿＿＿＿

9. 예의(れいぎ)　　＿＿＿＿＿＿＿＿＿＿＿＿＿

10. 복지(ふくし)　　＿＿＿＿＿＿＿＿＿＿＿＿＿

힌트				
6	① 構義	② 構議	③ 講義	④ 講議
7	① 招介	② 招待	③ 紹介	④ 紹待
8	① 暮らす	② 幕らす	③ 募らす	④ 墓らす
9	① 札義	② 礼義	③ 札儀	④ 礼儀
10	① 福祉	② 福施	③ 副施	④ 副詞

3 다음 밑줄 친 한자를 히라가나로 써 보세요.

11. <u>収穫</u>に適したものを選別する。 _____

12. 彼は周囲の<u>批判</u>を受けた。 _____

13. 床が<u>傾</u>いているのが気になります。 _____

14. <u>積極的</u>にイベントに参加する。 _____

15. 日本に<u>勢</u>いがあった70年代。 _____

4 다음 괄호 안에 들어갈 단어로 알맞은 것을 고르세요.

16. まもなく春が (① 訪ねる ② 訪れる) だろう。

17. 最後のページの地図をご (① 参照 ② 参考) ください。

18. Wi-Fiに (① 連絡 ② 接続) する方法をまとめた。

19. 相手を (① 責める ② 誉める) つもりはないのに、傷つけてしまった。

20. 安全な食品を (① 制造 ② 製造) する。

✦ **정답**

1 ① 2 ① 3 ② 4 ② 5 ① 6 ③ 7 ② 8 ① 9 ④ 10 ①

11 しゅうかく 12 ひはん 13 かたむいて 14 せっきょくてき 15 いきおい

16 ② 17 ① 18 ② 19 ① 20 ②

✏ / 8

問題2 ＿＿＿＿＿の言葉を漢字で書くとき、最もよいものを、1・2・3・4から
一つ選びなさい。

1 私はけいびの仕事に興味を持っています。

   1 警備   2 警秘   3 係備   4 係秘

2 猫の息があらいので心配です。

   1 雑い   2 激い   3 暴い   4 荒い

3 雑誌を紐でたばねた。

   1 収ねた   2 結ねた   3 束ねた   4 包ねた

4 りょうしゅうしょはWebで簡単に発行できます。

   1 領修書   2 了修書   3 領収書   4 了収書

5 人々のゆたかな生活を送ることを望んでいる。

   1 満か   2 豊か   3 富か   4 悪か

6 「健康づくり」を目標にいろいろなもよおしを行う。

   1 権し   2 催し   3 携し   4 推し

7 現状がえいきゅうに続くわけではない。

   1 永久   2 永遠   3 延久   4 延遠

8 現在、仕事とかいごを両立している。

   1 看穫   2 介穫   3 看護   4 介護

✎ / 8

問題2 ＿＿＿＿の言葉を漢字で書くとき、最もよいものを、1・2・3・4から 一つ選びなさい。

1 売り上げはこうちょうです。

　　1 快調　　　　　2 快長　　　　　3 好調　　　　　4 好長

2 私は空港に友達をむかえに行った。

　　1 仰え　　　　　2 迎え　　　　　3 紹え　　　　　4 招え

3 社会人として必要な能力をやしなうことができる。

　　1 養う　　　　　2 育う　　　　　3 得う　　　　　4 築う

4 私たちはその問題についてとうろんした。

　　1 討議　　　　　2 討論　　　　　3 党議　　　　　4 党論

5 車の窓ガラスがこおった。

　　1 冷った　　　　2 固った　　　　3 結った　　　　4 凍った

6 彼は同じけいとうの役ばかりだ。

　　1 系統　　　　　2 形統　　　　　3 糸等　　　　　4 形等

7 大会関係者の指示にしたがってください。

　　1 伴って　　　　2 頼って　　　　3 従って　　　　4 沿って

8 携帯のほしょうサービスを受ける。

　　1 補正　　　　　2 保正　　　　　3 補証　　　　　4 保証

✏ / 8

問題2 ＿＿＿＿の言葉を漢字で書くとき、最もよいものを、1・2・3・4から
一つ選びなさい。

1 多くのペットをすくった動物病院がある。

  1 助った 　　　　2 治った 　　　　3 療った 　　　　4 救った

2 飲み会の終わりに、一人分の費用をせいさんする。

  1 制算 　　　　2 請算 　　　　3 精算 　　　　4 製算

3 説明は必要ないので、はぶきます。

  1 省きます 　　2 抜きます 　　3 略きます 　　4 除きます

4 面接で出される質問には、かんけつに答えることが必要である。

  1 間潔 　　　　2 完決 　　　　3 間決 　　　　4 簡潔

5 彼は私立幼稚園にざいせきしている。

  1 採籍 　　　　2 在籍 　　　　3 採簿 　　　　4 在簿

6 事情を話すとこころよく引き受けてくれた。

  1 快く 　　　　2 喜く 　　　　3 希く 　　　　4 敬く

7 彼は割れた皿のはへんを集めた。

  1 破辺 　　　　2 被辺 　　　　3 破片 　　　　4 被片

8 卒業生をまねいて実習指導を行いました。

  1 召いて 　　　2 招いて 　　　3 伯いて 　　　4 泊いて

✏ ／8

問題2 ＿＿＿＿の言葉を漢字で書くとき、最もよいものを、1・2・3・4から
一つ選びなさい。

1 技術（ぎじゅつ）で問題を解決しておどろかせて感動させたい。

1 驚かせて　　　2 騒かせて　　　3 怖かせて　　　4 焦かせて

2 お札は日本銀行、こうかは日本政府が発行（はっこう）する。

1 硬貨　　　　2 硬価　　　　3 固貨　　　　4 固価

3 彼女にはあざやかな赤が似合う。

1 濃やか　　　2 照やか　　　3 鮮やか　　　4 晴やか

4 ストレスが原因でしょうじょうが悪化している。

1 障情　　　　2 症情　　　　3 障状　　　　4 症状

5 今の職場にはめぐまれていると思います。

1 幸まれて　　2 恵まれて　　3 喜まれて　　4 善まれて

6 弟や妹は母からえんじょを受けている。

1 補財　　　　2 援助　　　　3 補助　　　　4 援財

7 朝から一生懸命作っていたカレーがこげてしまった。

1 煙げて　　　2 焼げて　　　3 焦げて　　　4 熱げて

8 いくら正しいしてきをしても言うことを聞かない。

1 支的　　　　2 指的　　　　3 支摘　　　　4 指摘

📖 기출 어휘 2010~2018년

2010년 ▾

- □ 旧制度 구제도
- □ 高収入 고수입
- □ 再放送 재방송
- □ 就職率 취직률
- □ 集中力 집중력
- □ 商店街 상점가
- □ 諸問題 제(여러) 문제
- □ 2対1 2 대 1
- □ 副社長 부사장
- □ 予約制 예약제

2011년 ▾

- □ 悪条件 악조건
- □ 医学界 의학계
- □ 一日おきに 하루걸러
- □ クリーム状 크림상(상태)
- □ 現段階 현 단계
- □ 準優勝 준우승
- □ 総売上 총 매출
- □ 非公式 비공식
- □ 文学賞 문학상
- □ 来シーズン 다음 시즌

2012년 ▾

- □ アルファベット順 알파벳순
- □ 仮採用 가채용(임시 채용)
- □ 国際色 국제색(국제적 색채)
- □ 諸外国 제 외국(외국 여러 나라)
- □ 低価格 저가격(낮은 가격)
- □ 投票率 투표율
- □ 日本流 일본류(식)
- □ 半透明 반투명
- □ ビジネスマン風 비즈니스맨풍
- □ 真夜中 한밤중

2013年

- [ ] 薄暗い 조금 어둡다, 어둑어둑하다
- [ ] 親子連れ 가족 동반, 부모 자식이 동행함
- [ ] 音楽全般 음악 전반
- [ ] 風邪気味 감기 기운
- [ ] 再提出 다시 제출
- [ ] 最有力 가장 유력
- [ ] 準決勝 준결승
- [ ] 食器類 식기류
- [ ] 東京駅発 도쿄 역 출발
- [ ] 夏休み明け 여름휴가 다음 날

2014年

- [ ] 一日おきに 하루걸러
- [ ] 危険性 위험성
- [ ] 期限切れ 기한이 지남
- [ ] 高性能 고성능
- [ ] 作品集 작품집
- [ ] 諸問題 제(여러) 문제
- [ ] 線路沿い 철길(철로 변)
- [ ] 電車賃 전철 요금
- [ ] 未経験 미경험
- [ ] ムード一色 무드 일색

2015年

- [ ] 悪影響 악영향
- [ ] 応援団 응원단
- [ ] 現実離れ 현실과 동떨어짐
- [ ] 子共連れ 어린이 동반
- [ ] 招待状 초대장
- [ ] 成功率 성공률
- [ ] 副社長 부사장
- [ ] 真新しい 아주 새롭다
- [ ] 無責任 무책임
- [ ] ヨーロッパ風 유럽풍

2016년

- 異文化 이문화(다른 문화)
- 管理下 관리하
- 結婚観 결혼관
- 高水準 고수준
- 再開発 재개발
- 主成分 주성분
- 日本式 일본식
- 年代順 연대순
- 勉強漬け 공부벌레
- 未使用 미사용

2017년

- 会員制 회원제
- 会社員風 회사원풍
- 家族連れ 가족동반
- 住宅街 주택가
- 諸外国 제(여러) 외국
- 初年度 초년도, 첫해
- 前社長 전 사장
- 低カロリー 저칼로리
- 不正確 부정확
- 真後ろ 바로 뒤

2018년

- 学年別 학년별
- 進学率 진학률
- スキー場 스키장
- 送信元 송신원(송신처)
- 働き手 일꾼
- 副大臣 부대신(차관)
- 無計画 무계획
- 来学期 다음 학기

⊗ 기출 경향 분석

● **유형**

1. 파생어(접두어, 접미어)나 복합어를 보기에서 고르는 문제이다.
2. 과거 시험에서부터 출제되고 있는 유형으로, 빈칸을 보충하는 형태로 파생어나 복합어를 알고 있는지를 묻는 문제이다.

● **문항수(5문항)**

2018년 7월(1차)까지 5문항이 출제되었으나, 2018년 12월(2차)부터 3문항으로 축소되었다.

● **학습 방법**

접두어/접미어, 복합 동사 등을 정리하면서 학습한다. 과거에 출제된 접두어/접미어 등이 중복해서 출제되고 있으므로 기출 어휘를 꼭 외워 두자.

1 다음 단어의 읽기 방법으로 알맞은 것을 고르세요.

1. 国際色 (① こくさいしょく ② こくさいしき)

2. 就職率 (① しゅうしょくそつ ② しゅうしょくりつ)

3. 音楽全般 (① おんがくぜんばん ② おんがくぜんぱん)

4. 食器類 (① しょっきるい ② しょっきりゅう)

5. 東京駅発 (① とうきょうえきたつ ② とうきょうえきはつ)

2 다음 단어에 해당하는 일본어 한자를 써 보세요. 모르겠으면 힌트를 보고 풀어 보세요.

6. 예약제 (よやくせい) _____

7. 낮은 가격 (ていかかく) _____

8. 미경험 (みけいけん) _____

9. 문학상 (ぶんがくしょう) _____

10. 준결승 (じゅんけっしょう) _____

힌트

6	① 予約制	② 予約系	③ 予約製	④ 予約則
7	① 邸価格	② 抵価格	③ 底価格	④ 低価格
8	① 非経験	② 未経験	③ 不経験	④ 末経験
9	① 文学常	② 文学賞	③ 文学掌	④ 文学當
10	① 隼決勝	② 集決勝	③ 準決勝	④ 進決勝

3 다음 밑줄 친 한자를 히라가나로 써 보세요.

11. 面接後に、仮採用と伝えられた。 _____

12. 現在月間の総売上は、約７万ドルです。 _____

13. 電気が切られると半透明の白色になる。 _____

14. 昨晩、突然真夜中に電話が鳴りました。 _____

15. 彼は薄暗い病室の中で静かに眠っている。 _____

4 다음 괄호 안에 들어갈 단어로 알맞은 것을 고르세요.

16. (① 昔　② 旧) 制度が適用される契約に加入している。

17. この傾向は (① 来　② 迎) シーズンも続くだろう。

18. 日本 (① 類　② 流) のサービスで勝負しようとする。

19. 風邪 (① 向き　② 気味) でも仕事を休めない時があります。

20. オリンピック候補に吉田選手が (① 最　② 特) 有力です。

✏ / 8

問題3 （　　　）に入れるのに最もよいものを、１・２・３・４から一つ選びな
さい。

1 （　　　）大臣から大臣に任命（にんめい）されるパターンには大きく二つある。

1 次　　　　　　　2 補　　　　　　　3 副　　　　　　　4 助

2 行き先や時刻（じこく）を決めずに（　　　）計画に旅行する。

1 反　　　　　　　2 不　　　　　　　3 非　　　　　　　4 無

3 年会費は、（　　　）年度無料です。

1 初　　　　　　　2 発　　　　　　　3 開　　　　　　　4 頭

4 怪（あや）しげなメールが届いたら、まず送信（　　　）を確認しましょう。

1 素　　　　　　　2 元　　　　　　　3 原　　　　　　　4 根

5 休みの日には家族（　　　）で楽しむことができます。

1 伴い　　　　　　2 連れ　　　　　　3 込み　　　　　　4 付き

6 児童の学習する漢字を学年（　　　）に示した表。

1 境　　　　　　　2 段　　　　　　　3 節　　　　　　　4 別

7 日本は働き（　　　）が足りない。

1 腕　　　　　　　2 顔　　　　　　　3 手　　　　　　　4 足

8 住宅（　　　）にある美術館。

1 街　　　　　　　2 枠　　　　　　　3 界　　　　　　　4 面

✏ / 8

問題3 （　　　　）に入れるのに最もよいものを、1・2・3・4から一つ選びな
さい。

1　駅から車で30分、市街地から一番近いスキー（　　　）です。

　　1　地　　　　　　2　区　　　　　　3　所　　　　　　4　場

2　基本的に（　　　）使用であれば30日以内の返品が可能です。

　　1　外　　　　　　2　未　　　　　　3　否　　　　　　4　前

3　これまでの説明に、一部（　　　）正確なところがありましたのでお詫びします。

　　1　非　　　　　　2　否　　　　　　3　不　　　　　　4　反

4　このゴルフ場は会員（　　　）になっています。

　　1　制　　　　　　2　則　　　　　　3　形　　　　　　4　令

5　ブルペン投球を（　　　）後ろから撮影した。

　　1　正　　　　　　2　真　　　　　　3　本　　　　　　4　完

6　日本国内の（　　　）水準の医療技術が受けられる。

　　1　高　　　　　　2　特　　　　　　3　上　　　　　　4　頂

7　毎日勉強（　　　）の生活でストレスが溜まっている。

　　1　浸し　　　　　2　漬け　　　　　3　満ち　　　　　4　溶け

8　病院に入院をしていて、医師の管理（　　　）に置かれている。

　　1　付　　　　　　2　属　　　　　　3　限　　　　　　4　下

✏ / 8

問題3 （　　　　）に入れるのに最もよいものを、1・2・3・4から一つ選びなさい。

1 この薬は（　　　　）成分分析を行う必要がある。

1 主　　　　　　　2 真　　　　　　　3 要　　　　　　　4 本

2 男女の結婚（　　　　）が大きく変化している。

1 識　　　　　　　2 観　　　　　　　3 差　　　　　　　4 念

3 一般に禁煙の成功（　　　　）は高くはありません。

1 割　　　　　　　2 比　　　　　　　3 率　　　　　　　4 倍

4 お客様が応援（　　　　）になって協力してくださいました。

1 族　　　　　　　2 覚　　　　　　　3 集　　　　　　　4 団

5 （　　　　）文化に触れる事は貴重な経験である。

1 異　　　　　　　2 差　　　　　　　3 違　　　　　　　4 離

6 ヨーロッパ（　　　　）の素敵な部屋です。

1 状　　　　　　　2 類　　　　　　　3 風　　　　　　　4 態

7 友人の発言があまりにも現実（　　　　）している。

1 逃げ　　　　　　2 離れ　　　　　　3 抜け　　　　　　4 落ち

8 駅前の（　　　　）開発が進んでいる。

1 重　　　　　　　2 改　　　　　　　3 復　　　　　　　4 再

✏ ／8

問題3 （　　　）に入れるのに最もよいものを、1・2・3・4から一つ選びな
さい。

1 日本の歴史を年代（　　　）に簡単にご紹介しています。

1 連 2 番 3 順 4 序

2 今回は飲酒（いんしゅ）と健康の（　　　）問題について考えてみましょう。

1 複 2 諸 3 総 4 数

3 ホテルからの往復の電車（　　　）がチケットの価格（かかく）に含（ふく）まれている。

1 料 2 金 3 賃 4 財

4 レポートを夏休み（　　　）に出さなければならない。

1 閉め 2 分け 3 止め 4 明け

5 更新（こうしん）するのを忘れてしまいパスポートが期限（　　　）になった。

1 終え 2 越え 3 切れ 4 折れ

6 街全体がクリスマスムード（　　　）になる。

1 一面 2 一色 3 一例 4 一種

7 線路（　　　）の物件（ぶっけん）は騒音の問題があります。

1 従い 2 付き 3 並び 4 沿い

8 出張中は一日（　　　）に上司に電話で報告します。

1 おき 2 あき 3 とび 4 とり

📖 기출 어휘 2010~2018년

2010년 ▼

- ☐ 相次ぐ 연달다, 잇따르다
- ☐ あいまい 애매
- ☐ 温厚だ 온후하다
- ☐ シーズン 시즌(season)
- ☐ 上昇 상승
- ☐ 徐々に 서서히, 점차
- ☐ 通じる 통하다, 통하게 하다

- ☐ 尽きる 다하다, 끝나다
- ☐ のんびり 유유히, 한가로이
- ☐ 発揮 발휘
- ☐ 評判 평판
- ☐ 含まれる 포함되다
- ☐ マイペース 마이 페이스(my+pace)
- ☐ 有効 유효

2011년 ▼

- ☐ 解消 해소
- ☐ 改善 개선
- ☐ 活気 활기
- ☐ 機能 기능
- ☐ さっぱり 후련함, 산뜻함
- ☐ 視野 시야
- ☐ 迫る 다가오다(가다), 임박하다

- ☐ つまる 가득 차다, 막히다
- ☐ 強み 강도, 강점
- ☐ 反映 반영
- ☐ ぶらぶら 어슬렁어슬렁, 빈둥빈둥
- ☐ 分析 분석
- ☐ ぼんやり 어렴풋이, 멍하니
- ☐ わりと 비교적

2012년 ▼

- ☐ いらいら 초조한 모양
- ☐ 得る 얻다, 획득하다
- ☐ 偏る 치우치다, 기울다
- ☐ ぐち 푸념
- ☐ ごろごろ 데굴데굴, 빈둥빈둥
- ☐ 辞退 사퇴
- ☐ 成長 성장

- ☐ 改正 개정
- ☐ 抱える 껴안다, 떠안다
- ☐ 着々と 척척, 순조롭게
- ☐ 散らかる 흩어지다, 어질러지다
- ☐ 適度だ 적당한 정도다
- ☐ 場面 장면, 경우(처지)
- ☐ 夢中だ 열중하다, 몰두하다

- あいにく 공교롭게도, 때마침
- 意欲 (いよく) 의욕
- 解散 (かいさん) 해산
- 格好 (かっこう) 모양(모습), 알맞음
- 見当 (けんとう) 예상(예측), 짐작
- すっきり 산뜻함, 상쾌함
- スムーズ 스무즈(smooth), 순조로움(매끄러움)

- ぜいたくだ 사치다(사치스럽다), 비용이 많이 들다
- 専念 (せんねん) 전념
- 中継 (ちゅうけい) 중계
- つまずく 발이 걸려 넘어지다, 실패하다
- つらい 괴롭다, 모질다
- 比例 (ひれい) 비례
- 呼び止める (よびとめる) 불러 세우다

- あらかじめ 미리, 사전에
- 一気に (いっきに) 단번에, 단숨에
- うとうと 꾸벅꾸벅
- 思い切って (おもいきって) 과감히, 마음껏
- 差し支える (さしつかえる) 지장이 있다
- 体格 (たいかく) 체격
- 蓄える (たくわえる) 대비해 두다, 기르다

- 訂正 (ていせい) 정정
- 導入 (どうにゅう) 도입
- 腹を立てる (はらをたてる) 화를 내다
- パンク 펑크(puncture)
- 目指す (めざす) 목표로 하다
- やかましい 시끄럽다, 까다롭다
- リラックス 릴렉스(relax)

- 輝かしい (かがやかしい) 빛나다, 훌륭하다
- 完了 (かんりょう) 완료
- 柔軟だ (じゅうなんだ) 유연하다
- 鋭い (するどい) 날카롭다, 예리하다
- 相違 (そうい) 상위(상이), 다름
- たっぷり 듬뿍, 많이
- 潰す (つぶす) 찌부러뜨리다, (틈, 시간 등을) 때우다

- デザイン 디자인(design)
- 特色 (とくしょく) 특색
- 濁る (にごる) 탁하게 되다
- バランス 밸런스(balance)
- びっしょり 흠뻑(완전히 젖은 모양)
- 面する (めんする) 면하다, 향하다
- 予測 (よそく) 예측

2016년

- □ 安易だ <small>あんい</small> 안이하다
- □ 活発だ <small>かっぱつ</small> 활발하다
- □ ぐったり 녹초가 된 모양
- □ 邪魔 <small>じゃま</small> 방해, 장애
- □ 収穫 <small>しゅうかく</small> 수확
- □ ショック 쇼크(shock)
- □ たのもしい 믿음직하다

- □ 提供 <small>ていきょう</small> 제공
- □ なだらかだ 완만하다, 원활하다
- □ のんびり 유유히, 한가로이
- □ 引き止める <small>ひ と</small> 만류하다, 말리다
- □ 普及 <small>ふきゅう</small> 보급
- □ リーダー 리더(leader)
- □ 割り込む <small>わ こ</small> 끼어들다, 새치기 하다

2017년

- □ アピール 어필(appeal)
- □ 打ち消す <small>う け</small> 부정하다, 부인하다
- □ 穏やかだ <small>おだ</small> 온화하다, 침착하고 조용하다
- □ 確保 <small>かくほ</small> 확보
- □ ぎりぎり 빠듯함
- □ 苦情 <small>くじょう</small> 고충, 불평(불만)
- □ 悔やむ <small>く</small> 후회하다(원통하게 여기다), 애도하다

- □ 契機 <small>けいき</small> 계기
- □ そそっかしい 경솔하다, 덜렁대다
- □ バランス 밸런스(balance)
- □ ひそひそ 소곤소곤
- □ 豊富だ <small>ほうふ</small> 풍부하다
- □ 名所 <small>めいしょ</small> 명소
- □ 有利だ <small>ゆうり</small> 유리하다

2018년

- □ アレンジ 어레인지(arrange), 배열, 정리
- □ 欠かす <small>か</small> 빠뜨리다, 결하다
- □ 地元 <small>じもと</small> 본고장
- □ スペース 스페이스(space), 공간
- □ 続出 <small>ぞくしゅつ</small> 속출
- □ 達する <small>たっ</small> 달하다, 이르다
- □ 着々と <small>ちゃくちゃく</small> 척척, 순조롭게

- □ でたらめだ 엉터리다, 아무렇게나 하다
- □ 点検 <small>てんけん</small> 점검
- □ 独特 <small>どくとく</small> 독특
- □ 飛び散る <small>と ち</small> 사방에 흩날리다, 사방으로 튀다
- □ にっこり 방긋, 생긋
- □ 発揮 <small>はっき</small> 발휘
- □ 敏感だ <small>びんかん</small> 민감하다

⊗ 기출 경향 분석

● **유형**

한 문장 안의 빈칸에 문맥적으로 가장 적당한 단어를 보기에서 고르는 문제이다.

● **문항수(5문항)**

명사와 동사에서 가장 많이 출제되고 있지만, 형용사(い형용사/な형용사), 부사, 의성어/의태어, 외래어 등에서도 출제되고 있다. 출제 기준 어휘(N2) 이외의 어휘들도 출제된다.

● **학습 방법**

비슷한 어휘는 혼동하지 않도록 잘 구분해서 알고 있어야 한다. 모르는 어휘(단어)를 암기할 때는 되도록이면 예문과 같이 외우는 것이 좋다.

1 다음 단어의 읽기 방법으로 알맞은 것을 고르세요.

1. 柔軟 　　（① にゅうなん　　② じゅうなん）

2. 機能 　　（① きのう　　② ぎのう）

3. 活気 　　（① かつき　　② かっき）

4. 抱える 　　（① かかえる　　② ささえる）

5. 解散 　　（① かいさん　　② かいざん）

2 다음 단어에 해당하는 일본어 한자를 써 보세요. 모르겠으면 힌트를 보고 풀어 보세요.

6. 기울다 (かたよる) _____

7. 적당한 정도 (てきど) _____

8. 임박하다 (せまる) _____

9. 예측 (よそく) _____

10. 도입 (どうにゅう) _____

힌트

6	① 扁る	② 偏る	③ 遍る	④ 編る
7	① 摘度	② 滴度	③ 適度	④ 敵度
8	① 迫る	② 追う	③ 逸る	④ 退る
9	① 矛側	② 予側	③ 矛測	④ 予測
10	① 道人	② 導人	③ 道入	④ 導入

3 다음 밑줄 친 한자를 히라가나로 써 보세요.

11. 自分の実力を<u>発揮</u>したい。＿＿＿＿＿＿＿

12. 彼はすっかり本に<u>夢中</u>になっていた。＿＿＿＿＿＿＿

13. 注目の商品を<u>相次</u>いで発売する。＿＿＿＿＿＿＿

14. 今後どうなるか全く<u>見当</u>がつかない。＿＿＿＿＿＿＿

15. 日本語の<u>特色</u>の一つに敬語がある。＿＿＿＿＿＿＿

4 다음 괄호 안에 들어갈 단어로 알맞은 것을 고르세요.

16. 帰りが遅くてお母さんは (① 腹を立てて　② 顔を立てて) いるだろう。

17. 最近仕事が忙しいせいか、(① ぶらぶら　② いらいら) してしまうことが多い。

18. カードはスキー (① デザイン　② シーズン) 営業期間中のみ可能です。

19. 中小企業の方が大企業より (① 成長　② 発達) スピードが早い。

20. 結婚式の準備は (① 着々と　② 続々と) 進んでいます。

✦ 정답

1 ②　**2** ①　**3** ②　**4** ①　**5** ①　**6** ②　**7** ③　**8** ①　**9** ④　**10** ④

11 はっき　**12** むちゅう　**13** あいついで　**14** けんとう　**15** とくしょく

16 ①　**17** ②　**18** ②　**19** ①　**20** ①

✏️ ／8

問題4 （　　　）に入れるのに最もよいものを、１・２・３・４から一つ選びな
さい。

1 初めて６日連続で最高気温が３８度に（　　　）。

1　沈んだ　　　　2　通じた　　　　3　減った　　　　4　達した

2 自動車のバッテリー・タイヤを定期的に（　　　）しましょう。

1　点検　　　　2　参観　　　　3　検診　　　　4　観測

3 ２選択なので（　　　）答えても正答率は５０％になる。

1　わがまま　　2　ごちゃごちゃ　3　でたらめに　4　ぎざぎざに

4 乗用車は８３０台ほどしか駐車（　　　）がありません。

1　フロント　　2　スペース　　　3　フロア　　　　4　ステージ

5 山田さんは（　　　）ので、よくミスをする。

1　そそっかしい　2　たのもしい　3　そうぞうしい　4　あつかましい

6 彼女は（　　　）笑って僕に挨拶した。

1　ほかほか　　2　ぴかぴか　　　3　にっこり　　　4　さっぱり

7 毎日（　　　）日記をつけています。

1　奪わず　　　2　空けず　　　　3　離さず　　　　4　欠かさず

8 東京スカイツリーは東京を代表する観光（　　　）です。

1　現場　　　　2　名所　　　　　3　要所　　　　　4　実地

✏ / 8

問題4 （　　　）に入れるのに最もよいものを、１・２・３・４から一つ選びなさい。

1 山田選手の引退試合が行われて球場^{きゅうじょう}では涙を流す女性ファンが（　　　）した。

1 継続　　　　　2 続行　　　　　3 続出　　　　　4 持続

2 家庭でも簡単に作れる、（　　　）レシピをご紹介します。

1 アレンジ　　　2 ケア　　　　　3 コメント　　　4 デザイン

3 市役所^{しやくしょ}にはさまざまな公害に関する（　　　）が寄せられている。

1 不便　　　　　2 苦情　　　　　3 多難　　　　　4 悪意

4 テーブルからコップが落ち牛乳が（　　　）しまった。

1 飛び降りて　　2 飛び上がって　3 飛び立って　　4 飛び散って

5 毎日最低でも３０分、英語を勉強するための時間を（　　　）している。

1 作成　　　　　2 確保　　　　　3 保存　　　　　4 制作

6 終電^{しゅうでん}に（　　　）のところで間に合った。

1 ぐっすり　　　2 がらがら　　　3 ばったり　　　4 ぎりぎり

7 子どもの舌というのは、大人が思っているより（　　　）なものです。

1 過激　　　　　2 急激　　　　　3 敏感　　　　　4 機敏

8 原発^{げんぱつ}停止による赤字^{あかじ}３兆６０００億円が存在する事実は（　　　）。

1 打ち消せない　　　　　　　　　2 差し引けない

3 追い返せない　　　　　　　　　4 入れ替えられない

✏ / 8

問題4 （　　　）に入れるのに最もよいものを、1・2・3・4から一つ選びな
さい。

1 　将来は（　　　）に帰って働きたいと考えている。

1　土台　　　　　　2　地元　　　　　　3　立場　　　　　　4　根元

2 　運転免許があると仕事に（　　　）です。

1　優先　　　　　　2　強化　　　　　　3　有利　　　　　　4　先着

3 　すでに終わったことをあとから（　　　）、どうすることもできない。

1　疑っても　　　　2　あきらめても　　3　断っても　　　　4　悔やんでも

4 　NFLのスタジアムには（　　　）の雰囲気があります。

1　独特　　　　　　2　孤立　　　　　　3　専属　　　　　　4　限定

5 　後ろのテーブルの客がこっちを見て（　　　）話している。

1　ひそひそ　　　　2　ぐっすり　　　　3　ばっさり　　　　4　うろうろ

6 　バナナは日常生活で不足しがちな栄養が（　　　）よく含まれている。

1　エネルギー　　　2　バランス　　　　3　ビタミン　　　　4　リズム

7 　列で並んでいるのに、列に（　　　）入ってくる人が多い。

1　付け加えて　　　2　行き着いて　　　3　当てはまって　　　4　割り込んで

8 　坂道とは感じられないほど（　　　）道です。

1　ささやかな　　　2　よわよわしい　　3　なだらかな　　　4　おとなしい

✎ / 8

問題4 （　　　）に入れるのに最もよいものを、1・2・3・4から一つ選びな
さい。

1 ダイエット中で野菜を（　　　）食べたいのですが、良い食べ方を教えてくだ
さい。

1 ぼんやり　　　　2 たっぷり　　　　3 すっきり　　　　4 ふんわり

2 彼はアジア大会で存在感を（　　　）した。

1 セット　　　　2 アピール　　　　3 チャージ　　　　4 インストール

3 会社を辞めると上司に相談したら（　　　）。

1 引き止められた　　　　　　　　2 持ち寄られた

3 受け入れられた　　　　　　　　4 取り付けられた

4 この作品は、自然とは何かを考える（　　　）となる作品です。

1 先端　　　　2 始発　　　　3 合図　　　　4 契機

5 高学年の子供たちが低学年の子供たちに優しくアドバイスしている姿が（　　　）。

1 なつかしかった 2 したしかった　3 たのもしかった 4 くわしかった

6 今日は全国的に（　　　）天気となります。

1 穏やかな　　　　2 緩やかな　　　　3 柔らかな　　　　4 滑らかな

7 政府は国民に教育や社会保障などのサービスを（　　　）している。

1 提示　　　　2 寄付　　　　3 選出　　　　4 提供

8 健康のためにビタミンやミネラルを（　　　）含む食品をとるようにしている。

1 活発に　　　　2 円滑に　　　　3 豊富に　　　　4 鮮明に

📖 기출 어휘 2010~2018년

2010년 ▰

☐ 大げさだ 과장이다	≒	☐ オーバー 오버(over)
☐ かしこい 영리하다	≒	☐ 頭がいい 머리가 좋다
☐ 勝手だ 제멋대로 하다	≒	☐ わがままだ 제멋대로 굴다
☐ 見解 견해	≒	☐ 考え方 사고방식
☐ 雑談 잡담	≒	☐ おしゃべり 지껄임(수다)
☐ たびたび 번번이	≒	☐ 何度も 몇 번이나
☐ だぶだぶ 헐렁헐렁	≒	☐ とても大きい 너무 크다
☐ とりあえず 우선	≒	☐ 一応 일단, 우선
☐ ゆずる 양도하다, 물려주다	≒	☐ 売る 팔다
☐ レンタル 렌털(rental)	≒	☐ 借りる 빌리다

2011년 ▰

☐ いきなり 갑자기	≒	☐ とつぜん 돌연
☐ うつむく 고개(머리)를 숙이다	≒	☐ 下を向く 아래를 향하다
☐ 回復 회복	≒	☐ よくなる 잘되다
☐ くたくたになる 녹초가 되다	≒	☐ ひどく疲れる 몹시 지치다
☐ 慎重だ 신중하다	≒	☐ 十分に注意する 충분히 주의하다
☐ 縮む 오그라들다	≒	☐ 小さくなる 작아지다
☐ ブーム 붐(boom)	≒	☐ 流行 유행
☐ ほぼ 거의	≒	☐ だいたい 대개(대다수)

☐ 優秀<ruby>ゆうしゅう</ruby>だ 우수하다	≒	☐ 頭<ruby>あたま</ruby>がよい 머리가 좋다	
☐ わずかに 간신히, 겨우	≒	☐ 少<ruby>すこ</ruby>し 조금, 약간	

2012년 ⟍

☐ あやまる 실수하다, 틀리다	≒	☐ 正<ruby>ただ</ruby>しくない 바르지 않다	
☐ かさかさしている 꺼칠꺼칠하다	≒	☐ 乾燥<ruby>かんそう</ruby>している 건조하다	
☐ 奇妙<ruby>きみょう</ruby>だ 기묘하다	≒	☐ 変<ruby>へん</ruby>だ 이상하다	
☐ 仕上<ruby>しあ</ruby>げる 일을 끝내다	≒	☐ 完成<ruby>かんせい</ruby>する 완성하다	
☐ じっとして 꼼짝 않고	≒	☐ 動<ruby>うご</ruby>かないで 움직이지 않고	
☐ しめっている 젖어 있다	≒	☐ まだ乾<ruby>かわ</ruby>いていない 아직 마르지 않다	
☐ そうとう 상당히	≒	☐ かなり 어지간히, 꽤	
☐ 追加<ruby>ついか</ruby>したい 추가하고 싶다	≒	☐ たしたい 보태고 싶다	
☐ ただちに 즉각, 바로	≒	☐ すぐに 곧, 곧바로	
☐ 日中<ruby>にっちゅう</ruby> 낮	≒	☐ 昼間<ruby>ひるま</ruby> 낮	

2013년 ⟍

☐ あいまいだ 애매하다	≒	☐ はっきりしない 확실치 않다	
☐ 依然<ruby>いぜん</ruby>として 여전히	≒	☐ 相変<ruby>あいか</ruby>わらず 변함없이	
☐ 思<ruby>おも</ruby>いがけない 뜻밖이다	≒	☐ 意外<ruby>いがい</ruby>な 의외의	
☐ およそ 대강, 대략	≒	☐ だいたい 대개, 대체로	
☐ 済<ruby>す</ruby>ます 끝내다, 완료하다	≒	☐ 終<ruby>お</ruby>える 끝마치다	
☐ そろう 갖추어지다, 모이다	≒	☐ 集<ruby>あつ</ruby>まる 모이다, 집중하다	

□ 必死だ 전력을 다하다 ≒ □ 一生懸命だ 매우 열심히 하다

□ プラン 플랜(plan) ≒ □ 計画 계획

□ みずから 몸소, 자신이 ≒ □ 自分で 스스로

□ 山のふもと 산기슭 ≒ □ 山の下のほう 산 아래쪽

2014년 ▼

□ あきらかだ 분명하다 ≒ □ はっきり 확실히

□ お勘定は済みました 계산은 끝났습니다 ≒ □ お金は払いました 돈은 지불했습니다

□ 買い占める 매점하다 ≒ □ 全部買う 전부 사다

□ ことなる 다르다 ≒ □ 違う 다르다, 틀리다

□ そうぞうしい 떠들썩하다 ≒ □ うるさい 시끄럽다

□ そろえる 같게 하다, 갖추다 ≒ □ 同じにする 같게 하다

□ たちまち 금세, 갑자기 ≒ □ すぐに 곧바로

□ たまたま 가끔, 때마침 ≒ □ 偶然 우연

□ 間際 막 ~하려는 찰나 ≒ □ 直前 직전

□ 用心 조심, 주의 ≒ □ 注意 주의

2015년

恐らく 필시, 어쩌면	≒	たぶん 아마	
かつて 일찍이, 예전부터	≒	以前 이전	
小柄だ 몸집이 작다	≒	体が小さい 몸이 작다	
ささやく 속삭이다	≒	小声で 작은 소리로	
収納する 수납하다	≒	仕舞う 끝내다, 치우다	
所有する 소유하다	≒	持つ 들다, 가지다	
テンポ 템포(tempo)	≒	速さ 속력, 속도	
妙だ 묘하다	≒	変だ 이상하다	
無口だ 말수가 적다	≒	あまり話さない 별로 말하지 않다	
やや 약간, 조금	≒	少し 조금, 약간	

2016년

息抜きする 숨을 돌리다	≒	休む 쉬다	
じかに 직접	≒	直接 직접	
衝突する 충돌하다	≒	ぶつかる 부딪치다	
たびたび 번번이, 자주	≒	何度も 몇 번이나	
注目する 주목하다	≒	関心を持つ 관심을 갖다	
ついている 운이 따르다	≒	運がよい 운이 좋다	
つねに 늘, 항상	≒	いつも 언제나, 늘	
ひきょうだ 비겁하다	≒	ずるい 교활하다	
やむをえない 할 수 없다, 어쩔 수 없다	≒	しかたない 할 수 없다, 어쩔 수 없다	
愉快だ 유쾌하다	≒	面白い 재미있다, 즐겁다	

2017년

- あやまり 실수, 오류 ≒ 間違っているところ 잘못된 부분
- 臆病だ 겁이 많다 ≒ 何でも怖がる 뭐든지 무서워하다
- 過剰である 과잉이다 ≒ 多すぎる 너무 많다
- 勝手だ 제멋대로 하다 ≒ わがままだ 제멋대로 굴다
- 記憶する 기억하다 ≒ 覚える 기억하다
- とっくに 훨씬 전에 ≒ ずっと前に 오래 전에
- 不平 불평 ≒ 文句 불만, 트집
- まれだ 드물다, 희소하다 ≒ ほとんどない 거의 없다
- むかつく 화가 치밀다 ≒ 怒る 성내다, 화내다
- 譲る 양도하다, 물려주다 ≒ あげる 주다, 드리다

2018년

- 当てる 맞히다, 명중시키다 ≒ ぶつける 부딪치다, 던져 맞히다
- 哀れだ 가련하다, 불쌍하다 ≒ かわいそうだ 가엾다, 불쌍하다
- 一転する 일변하다 ≒ すっかり変わる 완전히 바뀌다
- うつむく 고개(머리)를 숙이다 ≒ 下を向く 아래를 향하다
- くどい 지루할 정도로 장황하다, 끈덕지다 ≒ しつこい 끈질기다, 집요하다
- じたばた 바동바동 ≒ 慌てる 당황하다, 허둥대다
- テクニック 테크닉(technique) ≒ 技術 기술
- 当分 당분간 ≒ しばらく 잠깐, 오래간만
- 用心する 조심하다, 주의하다 ≒ 気を付ける 정신 차리다, 주의하다
- 利口だ 영리하다, 똑똑하다 ≒ 頭がいい 머리가 좋다

✪ 기출 경향 분석

● **유형**

1. 밑줄이 있는 단어나 표현과 의미적으로 가장 가까운 단어나 표현을 고르는 문제이다.
2. 단어(어휘)나 표현의 대체 표현이라고 혼동하는 경우가 있는데, 의미적으로 가장 가까운 것을 선택하는 문제라는 것을 명심한다.

● **문항수(5문항)**

명사, 동사, 형용사(い형용사/な형용사), 부사, 의성어/의태어, 외래어 등 다양한 부분에서 골고루 출제되고 있다. 출제 기준 어휘(N2) 이외의 어휘들도 자주 출제된다.

● **학습 방법**

1. N1용 어휘(단어)에서도 출제되기 때문에, 시험 대비용 N2 어휘집(단어장)만으로 단어를 외워서는 고득점(만점)을 얻기 어려운 파트이다.
2. N1을 목표로 하거나, 고득점(만점)을 목표로 하는 학습자는 N1용 어휘(단어)도 함께 공부하면 도움이 된다.

1 다음 단어와 비슷한 의미를 가진 단어를 고르세요.

1. 仕上げる （① 成功する　　② 完成する）

2. 過剰である（① 大きすぎる　② 多すぎる）

3. プラン　　（① 説明　　　② 計画）

4. 間際　　　（① 直前　　　② 直後）

5. かしこい　（① 頭がいい　② 足が早い）

2 다음 단어에 해당하는 일본어 한자를 써 보세요. 모르겠으면 힌트를 보고 풀어 보세요.

6. 신중 (しんちょう)　　_____

7. 유쾌 (ゆかい)　　　　_____

8. 회복 (かいふく)　　　_____

9. 과잉 (かじょう)　　　_____

10. 충돌 (しょうとつ)　　_____

힌트

	①	②	③	④
6	真重	慎重	真種	慎種
7	愉快	愉怖	輸快	輸怖
8	回腹	会腹	回復	会復
9	週乗	過乗	週剰	過剰
10	衡究	衝突	衡突	衝究

3 다음 괄호 안에 안에 들어갈 단어로 알맞은 것을 고르세요.

11. 答えた人は (① わずかに　② ただちに) 二人しかいなかった。

12. 手が (① だぶだぶ　② かさかさ) している。

13. 石油 (① テンポ　② ブーム) は長くは続かなかった。

14. 鏡を下におろして (① うつむいた　② ささやいた) 顔を見た。

15. 昨夜、(① 妙な　② 勝手な) 話を聞いた。

4 밑줄 친 부분과 바꿔 쓸 수 있는 것을 괄호 안에서 고르세요.

16. 人気の映画を<u>レンタルして</u>楽しむ。(① 借りて　② 貸して)

17. 公園は山の<u>ふもと</u>にあります。(① 上のほう　② 下のほう)

18. 彼の態度は<u>あいまいだ</u>。(① はっきりしない　② ていねいだ)

19. しばらく、<u>じっとしていて</u>ください。(① 話さないで　② 動かないで)

20. 一緒に仕事をするとき<u>用心</u>した方がいい。(① 努力　② 注意)

✏ / 8

問題5 ＿＿＿の言葉に意味が最も近いものを、１・２・３・４から一つ選びな
さい。

1 妹は不平ばかり言っている。

1 自慢 　　　　2 うそ 　　　　3 文句 　　　　4 冗談

2 駐車場で車から降りるとき、隣の車にドアを当ててしまった。

1 隠して 　　　2 詰めて 　　　3 ぶつけて 　　　4 落として

3 プロでも使うことは難しいテクニックといえます。

1 知識 　　　　2 技術 　　　　3 訓練 　　　　4 工夫

4 仕事も、当分はなさそうだ。

1 しばらく 　　2 今回 　　　　3 これから 　　　4 全部

5 こんな哀れな人生は嫌だ。

1 退屈な 　　　2 おかしな 　　3 不安な 　　　4 かわいそうな

6 猫はとても利口な動物です。

1 元気な 　　　2 かわいい 　　3 かっこいい 　　4 頭がいい

7 会社と同僚にむかついた。

1 怒った 　　　2 怖がった 　　3 驚いた 　　　4 困った

8 僕がじたばたしても何もできることはない。

1 悩んでも 　　2 慌てても 　　3 心配しても 　　4 緊張しても

✏️ / 8

問題 5 ＿＿＿＿の言葉に意味が最も近いものを、１・２・３・４から一つ選びなさい。

1 スカートは友人に譲りました。

1 もらいました　　2 あげました　　　3 借りました　　　4 貸しました

2 大阪で雪が降るのはまれなことだ。

1 よくある　　　　2 複雑な　　　　　3 単純な　　　　　4 ほとんどない

3 最近ついていることばかりだ。

1 運がいい　　　　2 気分が悪い　　　3 運が悪い　　　　4 気分がいい

4 日本よりもやや寒いです。

1 たぶん　　　　　2 絶対　　　　　　3 少し　　　　　　4 もっと

5 状況が一転しているという情報です。

1 すっかり変わって　　　　　　　　2 急に止まって

3 とうとう許されて　　　　　　　　4 少し進んで

6 経済性が落ちるのはやむをえないことだ。

1 なさけない　　　2 しかたない　　　3 もったいない　　4 つまらない

7 もっとそうぞうしくなると思います。

1 寒く　　　　　　2 暗く　　　　　　3 静かに　　　　　4 うるさく

8 彼はとっくに帰りました。

1 一人で　　　　　2 あわてて　　　　3 ずっと前に　　　4 何も持たずに

✎ / 8

問題5 _____の言葉に意味が最も近いものを、1・2・3・4から一つ選びなさい。

1 成功する人ほど、臆病だ。

  1　よく泣く　　　2　何でも忘れる　　3　よく病気になる　4　何でも怖がる

2 たまには息抜きしたほうがいい。

  1　急いだ　　　　2　休んだ　　　　3　働いた　　　　4　待った

3 近所の図書館でたまたま見つけた漫画。

  1　さっき　　　　2　すぐに　　　　3　偶然　　　　　4　何度も

4 卑怯な人はどこにでもいる。

  1　ずるい　　　　2　しつこい　　　3　危ない　　　　4　厳しい

5 人からよく無口だと言われます。

  1　あまり食べない　　　　　　　2　あまり怒らない

  3　あまり笑わない　　　　　　　4　あまり話さない

6 どのような物を収納したいですか？

  1　しまいたい　　2　集めたい　　　3　預けたい　　　4　返したい

7 時期により、メイン料理のメニュー内容はことなります。

  1　似ています　　2　違います　　　3　複雑です　　　4　単純です

8 彼は、かつてドイツに1年住んでいた。

  1　しばらく　　　2　確か　　　　　3　以前　　　　　4　主に

✏ / 8

問題5 ＿＿＿の言葉に意味が最も近いものを、1・2・3・4から一つ選びなさい。

1 つねに英語でどう言うか考えてみる。

　　1 いつも　　　　2 当然　　　　　3 できるだけ　　4 特に

2 全体的に雰囲気が悪いのはあきらかな事実だ。

　　1 別の　　　　　2 さまざまな　　3 はっきりした　4 新しい

3 土地や家を所有していると、税金がかかる。

　　1 借りて　　　　2 探して　　　　3 建てて　　　　4 持って

4 私はたびたび図書館へ行きます。

　　1 何度も　　　　2 偶然　　　　　3 ようやく　　　4 必ず

5 おそらくメールアドレスは知っていると思う。

　　1 当然　　　　　2 やはり　　　　3 絶対　　　　　4 たぶん

6 男は低い声でささやくように言った。

　　1 ゆっくり　　　2 小声で　　　　3 急いで　　　　4 大声で

7 世界の人たちに直に伝えていくことも重要である。

　　1 あとで　　　　2 確実に　　　　3 直接　　　　　4 すべて

8 にんじんを回しながら大きさをそろえて切る。

　　1 教えて　　　　2 同じにして　　3 調べて　　　　4 大きくして

📖 기출 어휘 2010~2018년

2010년

- ☐ 外見 외견(외관), 겉보기
- ☐ きっかけ 계기
- ☐ 取材 취재
- ☐ 深刻だ 심각하다
- ☐ 続出 속출

- ☐ 保つ 유지하다, 보전하다
- ☐ 注目 주목
- ☐ はずす 떼다, 풀다(벗다)
- ☐ 普及 보급
- ☐ ふさわしい 어울리다

2011년

- ☐ 違反 위반
- ☐ 受け入れる 받아들이다
- ☐ かなう 이루어지다, 희망대로 되다
- ☐ 質素だ 검소하다
- ☐ 世間 세간, 세상

- ☐ せめて 적어도, 최소한
- ☐ とっくに 훨씬 전에
- ☐ 範囲 범위
- ☐ 方針 방침
- ☐ 利益 이익

2012년

- ☐ 交代 교대
- ☐ 合同 합동
- ☐ 心強い 마음 든든하다
- ☐ さっさと 빨랑빨랑
- ☐ 問い合わせる 문의하다

- ☐ 乏しい 부족하다, 결핍하다
- ☐ 廃止 폐지
- ☐ ふさぐ 막다, 가리다
- ☐ 矛盾 모순
- ☐ 冷静だ 냉정(냉철)하다

2013년

- あわただしい 어수선하다, 분주하다
- 生き生き 생생함, 싱그러움
- かすかだ 희미하다, 어렴풋하다
- 掲示 게시
- 快い 상쾌하다, 기분 좋다
- 催促 재촉
- 分野 분야
- 隔てる 사이에 두다, 가로막다
- 補足 보족(보충), 부족분을 채움
- 物足りない 어딘가 부족하다

2014년

- 合図 신호
- 言い訳 변명, 핑계
- 会見 회견
- 頑丈だ 튼튼하다, 옹골차다
- こつこつ 꾸준히
- 支持 지지
- 畳む 접다, 개다
- 妥当だ 타당하다
- 縮む 줄어들다, 움츠리다
- 手軽だ 손쉽다, 간편하다

2015년

- 甘やかす 응석 부리게 하다
- いったん 일단
- 思いつく 문득 생각이 떠오르다
- 温暖 온난
- 作成 작성
- たくましい 늠름하다, 씩씩하다
- 中断 중단
- 振り向く 뒤돌아보다
- 行方 행방, 장래(전도)
- 用途 용도

2016년

- 引退 <ruby>引退<rt>いんたい</rt></ruby> 은퇴
- 延長 <ruby>延長<rt>えんちょう</rt></ruby> 연장
- 大げさだ <ruby>大<rt>おお</rt></ruby>げさだ 과장하다, 허풍을 떨다
- きっかけ 계기
- 錆びる <ruby>錆<rt>さ</rt></ruby>びる 녹슬다

- 順調だ <ruby>順調<rt>じゅんちょう</rt></ruby>だ 순조롭다
- 生じる <ruby>生<rt>しょう</rt></ruby>じる 발생하다, 생기다
- 発達 <ruby>発達<rt>はったつ</rt></ruby> 발달
- 反省 <ruby>反省<rt>はんせい</rt></ruby> 반성
- 目上 <ruby>目上<rt>めうえ</rt></ruby> 윗사람

2017년

- いっせいに 일제히
- 覆う <ruby>覆<rt>おお</rt></ruby>う 덮다, 가리다
- 限定 <ruby>限定<rt>げんてい</rt></ruby> 한정
- 節約 <ruby>節約<rt>せつやく</rt></ruby> 절약
- 頂上 <ruby>頂上<rt>ちょうじょう</rt></ruby> 정상

- 散らかす <ruby>散<rt>ち</rt></ruby>らかす 흩뜨리다, 어지르다
- 分解 <ruby>分解<rt>ぶんかい</rt></ruby> 분해
- 破れる <ruby>破<rt>やぶ</rt></ruby>れる 찢어지다, 터지다(깨지다)
- 略す <ruby>略<rt>りゃく</rt></ruby>す 생략하다, 간단히 하다
- 論争 <ruby>論争<rt>ろんそう</rt></ruby> 논쟁

2018년

- 演説 <ruby>演説<rt>えんぜつ</rt></ruby> 연설
- 解約 <ruby>解約<rt>かいやく</rt></ruby> 해약
- きっぱり 단호히, 딱 잘라
- 多彩だ <ruby>多彩<rt>たさい</rt></ruby>だ 다채롭다
- 日課 <ruby>日課<rt>にっか</rt></ruby> 일과

- 鈍い <ruby>鈍<rt>にぶ</rt></ruby>い 둔하다, 무디다
- 乗り継ぐ <ruby>乗<rt>の</rt></ruby>り<ruby>継<rt>つ</rt></ruby>ぐ 갈아타다
- 保存 <ruby>保存<rt>ほぞん</rt></ruby> 보존
- 最寄り <ruby>最寄<rt>もよ</rt></ruby>り 가장 가까움
- 役目 <ruby>役目<rt>やくめ</rt></ruby> 임무, 책임

⊛ 기출 경향 분석

● 유형

1. 제시된 단어가 문장 안에서 올바르게 사용된 것을 고르는 문제이다.
2. 제시된 단어의 품사는 무엇인지, 그 단어는 어떤 단어와 함께 사용할 수 있는지 등을 알아야 하기 때문에, 제시된 단어를 정확하게 알고 있어야 풀 수 있다.

● 문항수(5문항)

주로 명사를 중심으로 동사, 형용사(い형용사/な형용사), 부사, 의성어/의태어, 외래어 등 다양한 부분에서 골고루 출제되고 있다. N1용 어휘(단어)도 출제된다.

● 학습 방법

1. 문자·어휘 시험에서 가장 어려운 파트이다. 제시된 단어를 정확하게 알고 있어야 풀 수 있기 때문에, 어휘(단어)는 반드시 예문과 같이 외우도록 한다.
2. N1을 목표로 하거나, 고득점(만점)을 목표로 하는 학습자는 N1용 어휘(단어)도 공부하도록 한다.

1 다음 단어의 읽기 방법으로 알맞은 것을 고르세요.

1. 交代 　　（① こうたい　　② こうだい）

2. 質素 　　（① しつそ　　② しっそ）

3. 合図 　　（① あいと　　② あいず）

4. 演説 　　（① えんせつ　　② えんぜつ）

5. 普及 　　（① ふきゅう　　② ふうきゅう）

2 다음 단어에 해당하는 일본어 한자를 써 보세요. 모르겠으면 힌트를 보고 풀어 보세요.

6. 재촉 (さいそく)　　_____

7. 녹슬다 (さびる)　　_____

8. 연장 (えんちょう)　　_____

9. 튼튼하다 (がんじょうだ)　_____

10. 덮다 (おおう)　　_____

힌트

6	① 催促	② 惟促	③ 催足	④ 惟足
7	① 晴びる	② 錆びる	③ 鉄びる	④ 鋭びる
8	① 延張	② 延張	③ 廷長	④ 延長
9	① 願尤だ	② 願丈だ	③ 頑尤だ	④ 頑丈だ
10	① 複う	② 履う	③ 覆う	④ 覇う

3 다음 밑줄 친 한자를 히라가나로 써 보세요.

11. これは<u>妥当</u>な判断である。 ＿＿＿＿＿＿＿＿

12. マレーシアの消費税<u>廃止</u>は話題となった。 ＿＿＿＿＿＿＿＿

13. 撮影を<u>快く</u>引き受けてくれました。 ＿＿＿＿＿＿＿＿

14. 歯を健康に<u>保つ</u>。 ＿＿＿＿＿＿＿＿

15. 政府の見解を<u>支持</u>する。 ＿＿＿＿＿＿＿＿

4 다음 괄호 안에 들어갈 단어로 알맞은 것을 고르세요.

16. 宿題を (① さっさと ② とっくに) 片付けて、あとはのんびり遊ぼう。

17. (① 取材 ② 方針) の時は２時間くらいいろいろ話した。

18. 世界の反対に耳を (① かなう ② ふさぐ) ことはできない。

19. 私は人の (① 会見 ② 外見) ではなく中身を重視します。

20. 募集は経験に (① とぼしい ② ふさわしい) 人まで対象にしている。

✦ **정답**

1 ① **2** ② **3** ② **4** ② **5** ① **6** ① **7** ② **8** ④ **9** ④ **10** ③
11 だとう **12** はいし **13** こころよく **14** たもつ **15** しじ **16** ① **17** ① **18** ② **19** ② **20** ①

PART 2 기출 공략_Day 6 77

✎ / 8

問題6　次の言葉の使い方として最もよいものを、1・2・3・4から一つ選びなさい。

[1]　きっぱり

1　毎日の家事に<u>きっぱり</u>飽きてしまった。

2　<u>きっぱり</u>別れる決断をするのも悪くない。

3　この地域では星が<u>きっぱり</u>見える。

4　何が原因だったのか、<u>きっぱり</u>思い出せない。

[2]　鈍（にぶ）い

1　男の人の感覚は女の人より<u>鈍（にぶ）い</u>。

2　今日はもう<u>鈍（にぶ）い</u>から、また明日話そう。

3　話すスピードが<u>鈍（にぶ）く</u>ても問題にならない。

4　人を傷つける<u>鈍（にぶ）い</u>発言をしてしまった。

[3]　最寄り

1　犬と猫は<u>最寄り</u>の友達になれるという。

2　バスの中で<u>最寄り</u>の人に足を踏まれた。

3　<u>最寄り</u>のチームは、偶然に生まれるものではない。

4　アパートは<u>最寄り</u>の駅からバスで約5分くらいだ。

[4]　保存

1　神の<u>保存</u>は証明できないと思います。

2　ポリ容器でガソリンは<u>保存</u>しないでください。

3　写真はスマホ本体に<u>保存</u>することができます。

4　駅では何日間忘れ物を<u>保存</u>しているのですか。

5 役目

1 トイレ掃除には正しい役目ややり方がある。

2 綺麗（きれい）な人は必ずマッサージを役目にしている。

3 同一作品で１人の俳優が２つの役目を演じる。

4 親としての役目を果たせなくなった。

6 解約

1 誤解を招くような発言は解約し、謝罪した方がいい。

2 食費や生活費を節約すれば、赤字を解約できる。

3 前に口座を解約したが新たに口座を作りたい。

4 ホームページでは予約を解約することができる。

7 日課

1 私はカメラを日課にして約１０年になる。

2 健康のため、公園へのジョギングを日課にしている。

3 日課が近づいたら天気予報をチェックしなければならない。

4 新しいプロジェクトに関して、３月１５日に会議を日課している。

8 破（やぶ）れる

1 破（やぶ）れてしまったお札は、入金できますか。

2 去年買ったばかりの扇風機が破（やぶ）れてしまった。

3 地震の時に、窓ガラスが破（やぶ）れて落ちることがある。

4 中学生時代の全国大会では決勝戦で破（やぶ）れてしまった。

✏️ ／8

問題6　次の言葉の使い方として最もよいものを、１・２・３・４から一つ選びな
さい。

1　限定

1　エアコンのリモコンで、部屋の限定温度をあげる。
2　空港カウンターで座席限定をしてご搭乗ください。
3　今回の採用では、女性に限定して募集を行う。
4　成功したかどうかなどを限定するのはまだ早い。

2　多彩だ

1　いま日本社会は多彩な問題を抱えている。
2　このホールでは多彩なイベントが行われている。
3　人それぞれ、多彩な価値観を持っているものだ。
4　地球上では多彩な考え方や生活様式がある。

3　いっせいに

1　山田学長のスタートの合図でいっせいにスタートした。
2　私は幼い頃その庭で弟といっせいに遊んだことを覚えている。
3　橋本さんは会社の社長であるといっせいに大学の教授でもある。
4　人の悲しみを共有しなければ、喜びをいっせいにすることはできない。

4　節約

1　この設備は機器の温度や湿度を節約するために使う装置である。
2　高速道路の渋滞を節約するためには、道路の幅を広げる必要がある。
3　簡単化のために、われわれはこの式の詳細な説明を節約する。
4　食費を節約するためには、日々の献立を決めておくことが大切だ。

5 乗り継ぐ

1 生産中止になったバイクを大事に乗り継いでいる。

2 電車からタクシーに乗り継いでやっと夜中に家に着いた。

3 名義変更をしなくても故人の車に乗り継ぐことはできる。

4 10年以上は、車を長く乗り継ぐことは少ないと思う。

6 頂上

1 ビルの頂上にプールがあるなんて不思議な感じがする。

2 空の頂上に宇宙があるのは、現代では誰もが知る事実だ。

3 頂上に近づくにつれ何度も何度もだまされる。

4 頂上に着いた時に見た景色は忘れられない思い出になった。

7 論争

1 相手の発言を論争ばかりしていると、相手は話しにくくなる。

2 ちょっとした事でいちいち先生に論争していたら問題だ。

3 海外の科学誌の論文をきっかけに論争が起きている。

4 悩んだときはひとりで解決しようとせず、論争してください。

8 散らかす

1 彼女はいつも、香水の匂いを散らかしながら歩いている。

2 一人一人に本を散らかすと、嬉しそうに受け取っていた。

3 子どもが散らかしてしまう場所には何か理由がある。

4 予約は、カードにお名前を記入して職員に散らかしてください。

✏️ ／8

問題6 次の言葉の使い方として最もよいものを、1・2・3・4から一つ選びなさい。

[1] 分解

1 夫に気持ちよく家事を分解してもらう。
2 日本の便所（べんじょ）は大きく分けて３つに分解される。
3 銀行で10万円を千円札に分解した。
4 パソコンを分解してハードディスクを取り出す。

[2] 手軽だ

1 面接では、手軽な自己紹介を求められることが多い。
2 家庭でも手軽にできる調理器具が注目されている。
3 手軽に勝てる相手なんてどこにもいないんだ。
4 ６０歳を過ぎたら、どこか暖かい南の島で手軽に暮らしたい。

[3] 略す

1 そのようにすれば費用が略せると思います。
2 電源スイッチを「切」にし、電源コードを略してください。
3 応募書類に「株式会社」を「(株)」と略して書いても問題ないですか。
4 日付や決まり文句を書く手間を略すよう設計されています。

[4] 冷静だ

1 あの時、なんでもっと冷静に判断できなかったんだろう。
2 経済状況は、株価は上昇するなど、ある程度冷静になっている。
3 午後あたりからはようやく海も落ち着いてきて冷静になった。
4 インフルエンザと診断されたら、冷静にして十分な休養をとりましょう。

5 隔てる

1 キッチンとリビングを隔てる壁がない。

2 仕事とやりたいことは隔てて考えるべきだ。

3 作業は5分の休憩を隔てて15分ずつ行う。

4 座席は、隣の人とは一つ席を隔てて座ってください。

6 順調だ

1 ESPNが、世界で最も順調なスポーツ選手100人を発表した。

2 「Twitter」の利用者が日本でも順調に増加している。

3 のどが痛くて、食べ物を順調に飲み込めなくなった。

4 彼は、税金に関する相談をすると、順調に答えたことがほとんどない。

7 ものたりない

1 遠い国で、ちょっとものたりないでしょうが、すぐに慣れますよ。

2 年に一度の開催を楽しみにしていたのに、中止なんて本当にものたりないです。

3 中村部長が来月からいなくなってしまうと考えるととてもものたりなく思います。

4 小学校低学年の頃になると絵本ではものたりなくなってきます。

8 生じる

1 現在世界のトップ人材を最も多く生じている国は、インドだ。

2 基礎研究から生じた新技術で社会を変える道をあきらめてはいけない。

3 資本が増加しているから、利益が生じていることに間違いはない。

4 常に生じている実感を持つことができれば、仕事そのものが楽しい。

✏️ / 8

問題６　次の言葉の使い方として最もよいものを、１・２・３・４から一つ選びなさい。

1　中断

1　５年間働いている会社を中断して別の会社に転職しようと思っている。

2　今週末に行われる予定だったイベントが中断されることになった。

3　枝が一か所枯れていたら、その枝を中断するしか仕方ありません。

4　ボールがタッチラインを超えたり、プレーが中断した場合、時計を止める。

2　かすかだ

1　日が沈む前のかすかな時間にしか見られない景色だ。

2　近所には同い年の友だちだっているが、私のほうが誕生日がかすかに早い。

3　子供の頃のかすかな記憶では、駅には倉庫があったような気がする。

4　このままでは残りかすかな人生、かわいそうだと思われる。

3　たくましい

1　運動会を経験した子ども達は、一段とたくましく成長しました。

2　毎日３０度近い気温となり、日ざしもたくましくなってきました。

3　彼らは人生経験がたくましいので、いろいろなことを教えてもらっています。

4　わかりやすくするため、色の付いたたくましいひもを使って説明します。

4　こつこつ

1　こつこつでも昨日より今日のほうが良くなっている。

2　うまくいかないことがあっても、毎日こつこつ練習を続けてほしい。

3　地球もこのまま気温がこつこつ上がり続けたら病気になってしまう。

4　親が言っても意味が伝わらなかったことがこつこつわかってきた。

5 思いつく

1 彼はインターネットで稼ぐよい方法を思いついた。

2 日常生活で役に立ちそうな商品のアイディアが思いついた。

3 この人と一緒にいたら幸せになれそうだと思いついていた。

4 このアルバムを見ると私は楽しかった学生時代を思いつく。

6 行方

1 交差点を左に曲がると、行方に高層ビルが見える。

2 バスの行方を確認して後ろから乗車してください。

3 フランス人女性は、外出したまま行方が分からなくなっている。

4 外食に行方がいつも決まった店の決まったメニューだった。

7 いったん

1 美容師さんに大体2ヶ月にいったんのペースで来ることをすすめられます。

2 お湯が沸いたら、いったん火を止めて、鍋に野菜を入れてください。

3 私はここへ引っ越して来てから、まだいったんも図書館に行ったことがない。

4 人生はいったんしかないし、前の時間には戻れないし、いつか終わりが来る。

8 用途

1 実話だけにどこまで描いて良いのか難しい用途があります。

2 問題が発生した場合に責任を取るのは上司の用途です。

3 敬語の用途を学んで来たんですけど、日本語って難しいですね。

4 話を整理すると、豆腐は用途が広く、おいしいうえに低カロリーです。

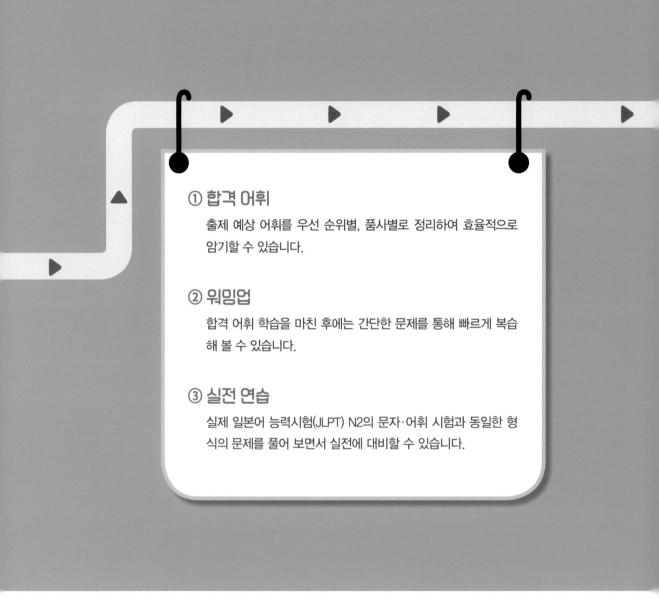

① 합격 어휘

출제 예상 어휘를 우선 순위별, 품사별로 정리하여 효율적으로 암기할 수 있습니다.

② 워밍업

합격 어휘 학습을 마친 후에는 간단한 문제를 통해 빠르게 복습해 볼 수 있습니다.

③ 실전 연습

실제 일본어 능력시험(JLPT) N2의 문자·어휘 시험과 동일한 형식의 문제를 풀어 보면서 실전에 대비할 수 있습니다.

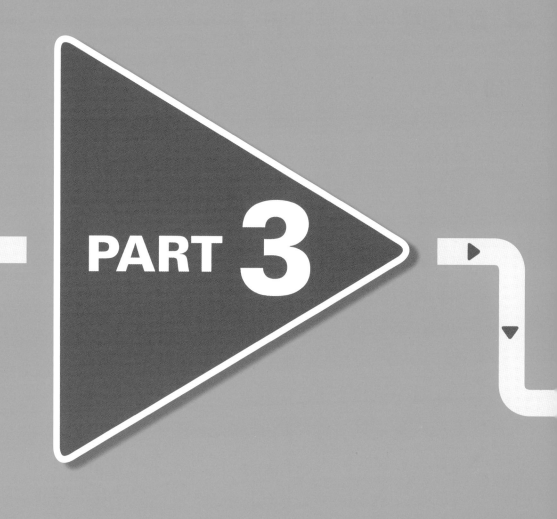

PART 3

〈PART 3 합격 공략〉에서는 출제 예상 어휘를 우선 순위별, 품사별로 살펴봅니
다. 합격 어휘를 학습한 다음에는 워밍업을 통해 앞에서 배운 어휘를 복습하고
실전 연습으로 실력을 쌓아 보세요.

01 음독 명사

- ☐ 遺伝性 유전성
- ☐ 強盗 강도
- ☐ 推薦状 추천장
- ☐ 宇宙 우주
- ☐ 五十音順 あいうえお의 순
- ☐ 精算 정산
- ☐ 衛星 위성
- ☐ 孤立 고립
- ☐ 専属 전속
- ☐ 御中 귀중(우편물의 이름 아래 붙이는 말)
- ☐ 祭日 제일, 제삿날
- ☐ 第一印象 첫인상
- ☐ 解約 해약
- ☐ 裁判 재판
- ☐ 長所 장점
- ☐ 架空 가공
- ☐ 参観 참관
- ☐ 定期券 정기권
- ☐ 学者風 학자풍, 학자처럼
- ☐ 執筆 집필
- ☐ 登山 등산
- ☐ 元日 설날
- ☐ 渋滞 정체, 밀림
- ☐ 否定 부정
- ☐ 寄付 기부
- ☐ 循環 순환
- ☐ 否認 부인
- ☐ 行儀 예의범절, 행동거지
- ☐ 准教授 준교수(조교수)
- ☐ 平等 평등
- ☐ 偶然 우연
- ☐ 将棋 장기
- ☐ 文房具 문방구
- ☐ 工夫 여러 가지로 궁리함
- ☐ 商店街 상점가
- ☐ 補足 보족(보충), 부족분을 채움
- ☐ 稽古 (학문, 기술 등을) 배움, 연습함
- ☐ 職人 장인
- ☐ 明示 명시
- ☐ 傑作 걸작
- ☐ 諸国 제국, 여러 나라
- ☐ 要所 요소, 요점
- ☐ 検診 검진
- ☐ 針路 침로, 나아갈 길(방향)
- ☐ 録音 녹음

02 훈독 명사

- ☐ 生地 본바탕(본성), 천(옷감)
- ☐ 小屋 오두막집
- ☐ 政治離れ 정치에 무관심해짐
- ☐ 組合 조합
- ☐ 献立 식단, 메뉴
- ☐ 乗り越し 내릴 곳을 지나침
- ☐ 桁が違う (관용어) 현격한 차가 있다
- ☐ 境 경계, 갈림길
- ☐ 人手 일손, 남의 손
- ☐ 心当たり 짐작, 짐작 가는 곳
- ☐ 時間割 수업시간표, (공사) 예정표
- ☐ 割合 비율

03 동사

□ 飽きる 물리다, 싫증나다

□ 沈む 가라앉다, (해·달이) 지다

□ 受け取る 수취하다(받다), 이해하다(받아들이다)

□ 備える 준비하다, 갖추다

□ 受け持つ 맡다, 담당하다

□ 揃える 가지런히 정돈하다, 갖추다

□ 打ち消す 부정하다, 없애다(지우다)

□ 溜まる (돈, 재산 등이) 늘다, 쌓이다(밀리다)

□ うなずく 수긍하다, (고개를) 끄덕이다

□ 試す 시험해 보다

□ 追い返す・追返す 물리치다, 냉담하게 돌려보내다

□ 努める 노력하다, 힘쓰다

□ 駆け込む 뛰어들다

□ 務める 임무를 맡다, 역할을 다하다

□ 築く 쌓다(쌓아 올리다), 구축하다

□ 飛び降りる 뛰어내리다

□ 崩す 무너뜨리다, 잔돈으로 바꾸다

□ 飛び込む 뛰어들다

□ 砕く 부수다, 애쓰다

□ 飛び散る 사방에 흩날리다, 튀다

□ 試みる 시험해 보다(시도해 보다), 실제로 해보다

□ 挟まる (틈에) 끼이다, 사이에 끼이다

04 い형용사

□ 堅苦しい 너무 엄격하다(딱딱하다), 거북하다

□ しつこい 집요하다, (맛, 빛깔, 냄새 따위가) 짙다

□ くどい 지루할 정도로 장황하다, (맛이) 느끼하다

□ 頼もしい 믿음직하다, 기대할 만하다

□ 騒がしい 시끄럽다, 뒤숭숭하다

□ 望ましい 바람직하다

05 な형용사

□ 円滑だ 원활하다

□ 鮮明だ 선명하다

□ 穏やかだ 평온하다, 온화하다, 침착하고 조용하다

□ 和やかだ 온화하다(부드럽다), 화목하다

□ 活発だ 활발하다

□ 敏感だ 민감하다

□ 機敏だ 기민하다

□ 豊かだ 풍족하다, 풍부하다

1️⃣ 다음 단어의 읽기 방법으로 알맞은 것을 고르세요.

1. 御中 (① ごちゅう ② おんちゅう)

2. 行儀 (① こうぎ ② ぎょうぎ)

3. 工夫 (① くふう ② くうふ)

4. 傑作 (① けっさ ② けっさく)

5. 祭日 (① さいじつ ② さいにち)

2️⃣ 다음 단어에 해당하는 일본어 한자를 써 보세요. 모르겠으면 힌트를 보고 풀어 보세요.

6. 문방구 (ぶんぼうぐ) _____

7. 기부 (きふ) _____

8. 검진 (けんしん) _____

9. 장인 (しょくにん) _____

10. 명시 (めいじ) _____

힌트

6	① 文紡具	② 文旁具	③ 文房具	④ 文傍具
7	① 規富	② 寄富	③ 規付	④ 寄付
8	① 検診	② 検珍	③ 険診	④ 険珍
9	① 識入	② 職入	③ 職人	④ 識人
10	① 銘視	② 明視	③ 銘示	④ 明示

3 다음 밑줄 친 한자를 히라가나로 써 보세요.

11. 警察官を<u>要所</u>に配置する。 _____

12. 職場で<u>孤立</u>してしまった。 _____

13. フィンランドは西はスウェーデンと<u>境</u>を接している。 _____

14. <u>元日</u>に台風が発生する。 _____

15. 毎日食べても<u>飽</u>きないカレー。 _____

4 다음 괄호 안에 들어갈 단어로 알맞은 것을 고르세요.

16. 魅力的な商店 (① 街 ② 町) がたくさんある。

17. (① 初 ② 第一) 印象は最初の「15秒」で決まるという。

18. 生徒の学力を (① ためす ② こころみる)。

19. 口を (① そなえて ② そろえて) 反対する。

20. 彼は研究に (① 努めて ② 務めて) いる。

✏ ／8

問題1 ＿＿＿＿の言葉の読み方として最もよいものを、1・2・3・4から一つ
選びなさい。

1 名古屋市で起きた強盗事件。

1 きょうとう　　2 きょうどう　　3 ごうとう　　　4 ごうどう

2 友人の執筆した本が出版されました。

1 しゅうひつ　　2 しゅうぴつ　　3 しっびつ　　　4 しっぴつ

3 オンラインで洋服生地を選ぶ。

1 きじ　　　　　2 きぢ　　　　　3 しょうじ　　　4 しょうぢ

4 小屋の周りを散歩する。

1 しょうや　　　2 こや　　　　　3 しょうおく　　4 こおく

5 ストレスが溜まった時は自分の好きなことをやってみる。

1 たまった　　　2 つまった　　　3 とまった　　　4 とどまった

6 季節に合わせて、安全に登山する。

1 とさん　　　　2 とざん　　　　3 とうさん　　　4 とうざん

7 一週間分の献立をまとめて考えておく。

1 けんりつ　　　2 けんだて　　　3 こんりつ　　　4 こんだて

8 男女平等の国として知られるフィンランド。

1 びょうとう　　2 へいどう　　　3 びょうどう　　4 へいとう

問題2 ＿＿＿の言葉を漢字で書くとき、最もよいものを、1・2・3・4から 一つ選びなさい。

1 なるべくお金をかけずに<u>さいばん</u>をしたい。

1 載判　　　　2 戴判　　　　3 裁判　　　　4 栽判

2 アニメルパン三世に登場する<u>かくう</u>の人物。

1 架空　　　　2 架究　　　　3 加空　　　　4 加究

3 コンビニで、少額の商品を買って、お金を<u>くず</u>した。

1 細した　　　2 崩した　　　3 壊した　　　4 破した

4 大好きな雑誌で<u>せんぞく</u>モデルになりたいです。

1 恵属　　　　2 専尾　　　　3 恵尾　　　　4 専属

5 この宇宙では、全てが<u>じゅんかん</u>しています。

1 盾還　　　　2 循環　　　　3 循還　　　　4 盾環

6 電車通学なので、通学用の<u>ていきけん</u>を購入した。

1 定基巻　　　2 定期巻　　　3 定基券　　　4 定期券

7 この事故は<u>ぐうぜん</u>ではない。

1 偶然　　　　2 遇然　　　　3 隅然　　　　4 愚然

8 LINEの無料通話を<u>ろくおん</u>する方法を紹介します。

1 録胃　　　　2 緑音　　　　3 録音　　　　4 緑胃

✎ ____ / 8

問題3 （　　　　）に入れるのに最もよいものを、1・2・3・4から一つ選びなさい。

1 長女が通う公立小学校の時間（　　　　）を公開します。

1　割　　　　　　2　表　　　　　　3　書　　　　　　4　式

2 彼は東京で（　　　　）教授として働いている。

1　補　　　　　　2　条　　　　　　3　仮　　　　　　4　准

3 若者の政治（　　　　）は相変わらず深刻な状況にある。

1　別れ　　　　　2　離れ　　　　　3　外れ　　　　　4　遠れ

4 60%の人は遺伝（　　　　）の病気にかかるという。

1　状　　　　　　2　態　　　　　　3　性　　　　　　4　素

5 連絡先は、漢字で入力されている場合五十音（　　　　）にはならない。

1　位　　　　　　2　序　　　　　　3　番　　　　　　4　順

6 トルコとヨーロッパ（　　　　）国との関係が急激に悪化している。

1　多　　　　　　2　諸　　　　　　3　数　　　　　　4　複

7 教授に推薦（　　　　）のお願いをする。

1　紙　　　　　　2　便　　　　　　3　状　　　　　　4　方

8 彼は眼鏡をかけていて、どこか学者（　　　　）に見えた。

1　風　　　　　　2　類　　　　　　3　式　　　　　　4　観

問題4 （　　　）に入れるのに最もよいものを、1・2・3・4から一つ選びな
さい。

1 世界的な選手になれば、収入も（　　　）が違う。

1 数<ruby>数<rt>かず</rt></ruby>　　　　2 値<ruby>値<rt>ね</rt></ruby>　　　　3 桁<ruby>桁<rt>けた</rt></ruby>　　　　4 零<ruby>零<rt>れい</rt></ruby>

2 警察は、屋上から（　　　）自殺したとみて詳しく調べています。

1 飛び散って　　2 飛び出して　　3 飛び込んで　　4 飛び降りて

3 大事な試験に（　　　）勉強している。

1 そなえて　　2 そろえて　　3 ならって　　4 まなんで

4 米国空軍は80kmから上を（　　　）と定義している。

1 衛星　　　　2 宇宙　　　　3 表面　　　　4 地球

5 11月の最終土曜日に、授業（　　　）を開催しました。

1 参観　　　　2 検診　　　　3 観測　　　　4 点検

6 敬語はコミュニケーションを（　　　）に進める。

1 鮮明　　　　2 敏感　　　　3 円滑　　　　4 活発

7 彼女の話し方や表情は（　　　）である。

1 なごやか　　2 おだやか　　3 ゆたか　　4 しずか

8 応募はWEBデザインの実務経験をお持ちの方が（　　　）です。

1 かっこいい　　2 おかしい　　3 たのもしい　　4 のぞましい

問題5 ＿＿＿＿の言葉に意味が最も近いものを、１・２・３・４から一つ選びなさい。

1 私たちの１票で日本の針路を確かなものにしたい。

　1　将来　　　　　2　成功　　　　　3　希望　　　　　4　方向

2 氷を砕いて何か作りたい。

　1　細かくして　　2　細くして　　　3　硬くして　　　4　堅くして

3 私が新人たちをおいかえした。

　1　迎えた　　　　2　帰らせた　　　3　見送った　　　4　会わせた

4 また稽古ですか、熱心ですね。

　1　残業　　　　　2　教育　　　　　3　練習　　　　　4　訓練

5 彼はすぐにそれを打ち消した。

　1　否定した　　　2　中止した　　　3　肯定した　　　4　確認した

6 私には胸を張って言える長所がない。

　1　欠点　　　　　2　よいところ　　3　非難　　　　　4　足りないところ

7 ヨーロッパを旅したとき、日本みたいに堅苦しい国がないと思った。

　1　物価が高い　　　　　　　　　2　気楽に暮らす

　3　自由に生活する　　　　　　　4　気楽なところがない

8 電車で、乗客の男性が座席と床の間に挟まった状態になった。

　1　座る　　　　　2　眠る　　　　　3　動けない　　　4　横になる

問題6　次の言葉の使い方として最もよいものを、1・2・3・4から一つ選びな
　　　　さい。

1　補足

1　先ほどの説明に補足します。

2　注文を補足してもいいですか。

3　忙しい時に人を補足します。

4　コーヒーが足りないので補足してください。

2　心当たり

1　心当たりを込めて料理を作った。

2　いくら考えても心当たりがない。

3　名作映画を見て心当たりした。

4　仕事の難しさを思うと心当たりが重くなる。

3　しつこい

1　美味しいステーキが安くてしつこいです。

2　最初はしつこいですが、慣れれば楽しいです。

3　しつこい運動で無理なくダイエットしていきましょう。

4　私たちは、ちょっとしつこいくらい質問します。

4　渋滞

1　会議の渋滞を予想する声もある。

2　春に比べ景気の渋滞が広がっている。

3　事故のため道が渋滞する。

4　何が日本経済を渋滞させているのか。

01 음독 명사

□ 圧縮 압축

□ 意義 의의

□ 一面 일면, 한쪽 면

□ 憲法 헌법

□ 航空 항공

□ 構造 구조

□ 肯定 긍정

□ 最先端 최첨단

□ 裁縫 재봉

□ 仕事全般 업무 전반

□ 支度 채비, 준비

□ 失敗率 실패율

□ 情報不足 정보 부족

□ 信仰 신앙

□ 人類 인류

□ 制作 제작(방송 프로그램 등)

□ 絶滅 절멸, 근절

□ 総収入 총수입

□ 損得 손실과 이득, 손익

□ 対照 대조

□ 脱線 탈선

□ 短所 단점, 결점

□ 短編 단편

□ 彫刻 조각

□ 停電 정전

□ 鉄橋 철교

□ 徹底 철저

□ 東西 동서

□ 特色 특색

□ 年齢別 연령별

□ 爆発 폭발

□ 博物館 박물관

□ 発生 발생

□ 反省 반성

□ 非常識 비상식

□ 必死 필사, 전력을 다함

□ 批評 비평

□ 標識 표지, 표식

□ 比例 비례

□ 夫妻 부처, 부부

□ 分布 분포

□ 放映 방영

□ 保存 보존

□ 摩擦 마찰

□ 模範 모범

02 훈독 명사

□ 言い訳 변명

□ 植木 정원수, 분재

□ 便り 소식, 편지

□ 繋がり 연계(이어짐), 관계

□ 乗り換え・乗換 갈아탐, 환승

□ 歯車 톱니바퀴

□ 初耳 처음 들음

□ 花火 불꽃, 폭죽

□ 早口 말이 빠름

□ 日帰り 당일치기

□ 人込み 붐빔, 북적임

□ 夕立 (여름 오후의) 소나기

03 동사

□ 暴れる 날뛰다, 난폭하게 굴다

□ 争う 다투다(경쟁하다), 맞서다(대항하다)

□ 劣る (딴 것만) 못하다, 뒤떨어지다

□ お目にかかる 만나 뵙다

□ お目にかける 보여드리다

□ 効く 효과(효력)가 있다

□ 利く 기능을 발휘하다, 가능하다(통하다)

□ 競う 다투다, 경쟁하다(겨루다)

□ 悔やむ 후회하다(뉘우치다), 애도하다

□ 狂う 미치다, 고장 나다

□ 暮れる 저물다, 한 해(계절)가 끝나다

□ 絞る (쥐어) 짜다, (범위를) 좁히다

□ 締め切る 마감하다 (※1그룹 활용)

□ 逸れる 빗나가다, 벗어나다

□ 戦う 전쟁하다(전투하다), (어려운 일과) 맞서다

□ 達する 도달하다, 달성하다

□ 突っ込む 처넣다, 날카롭게 찌르다(추궁하다)

□ 包む 싸다(포장하다), 에워싸다

□ 慰める 위로하다, 달래다

□ 流行る 유행하다(인기가 있다), 번성하다(번창하다)

□ 見分ける 분별하다, 분간하다

□ 雇う 고용하다

04 い형용사

□ 危うい 위태롭다, 위험하다

□ 険しい 가파르다(험하다), 험상궂다(험악하다)

□ 済まない (사과, 감사, 부탁의 뜻으로) 미안하다

□ 永い (세월, 시간이) 아주 오래다, 영원하다

□ 甚だしい (정도가) 심하다, 대단하다

□ 分厚い 두껍다

05 な형용사

□ 器用だ 재주가 있다, 요령이 좋다

□ 強引だ 억지다, 강제다

□ 地味だ 수수하다, 검소하다

□ 純粋だ 순수하다

□ 抽象的だ 추상적이다

□ 強気だ 성미가 강하다, 강경하게 나오다

□ 不景気だ 불경기다

□ 朗らかだ 쾌활하다, 쾌청하다

1 다음 단어의 읽기 방법으로 알맞은 것을 고르세요.

1. 信仰 （① しんこう　② しんごう）

2. 憲法 （① けんぼう　② けんぽう）

3. 人類 （① じんるい　② にんるい）

4. 夫妻 （① ふうさい　② ふさい）

5. 圧縮 （① あっしゅく　② あつしゅく）

2 다음 단어에 해당하는 일본어 한자를 써 보세요. 모르겠으면 힌트를 보고 풀어 보세요.

6. 비평 (ひひょう) _____

7. 마찰 (まさつ) _____

8. 소식 (たより) _____

9. 저물다 (くれる) _____

10. 표지 (ひょうしき) _____

힌트

6	① 比評	② 批平	③ 比平	④ 批評
7	① 摩擦	② 摩察	③ 磨擦	④ 磨察
8	① 使り	② 便り	③ 頼り	④ 通り
9	① 墓れる	② 幕れる	③ 募れる	④ 暮れる
10	① 標職	② 票職	③ 標識	④ 票識

3 다음 밑줄 친 한자를 히라가나로 써 보세요.

11. <u>東西</u>の文化の違いをテーマにする。 ＿＿＿＿＿＿＿

12. 一日の行動を<u>反省</u>してみる。 ＿＿＿＿＿＿＿

13. 写真をパソコンに<u>保存</u>する。 ＿＿＿＿＿＿＿

14. 夕食の<u>支度</u>をしている。 ＿＿＿＿＿＿＿

15. 午後7時ごろ、<u>爆発</u>があった。 ＿＿＿＿＿＿＿

4 다음 괄호 안에 들어갈 단어로 알맞은 것을 고르세요.

16. 無料でホームページ (① 制作 ② 製作) する方法があります。

17. 彼はまだ一部の地域で顔が (① 効く ② 利く)。

18. 東京駅からの (① 乗り換え ② 乗り変え) では長く歩く。

19. オリンピックは参加することに (① 異議 ② 意義) がある。

20. 先週の説明会の写真を (① お目にかかります ② お目にかけます)。

✦ 정답

1 ① **2** ② **3** ① **4** ② **5** ① **6** ④ **7** ① **8** ② **9** ④ **10** ③

11 とうざい **12** はんせい **13** ほぞん **14** したく **15** ばくはつ

16 ① **17** ② **18** ① **19** ② **20** ②

✏️ / 8

問題1 ＿＿＿＿の言葉の読み方として最もよいものを、1・2・3・4から一つ
選びなさい。

1 なぜそのような違いがあるかはまだ謎に包まれている。

1 つつまれて 2 かこまれて 3 はさまれて 4 つかまれて

2 この鉄橋は、北海道で現存する最古のものだ。

1 てつきょう 2 てつはし 3 てっきょう 4 てつばし

3 筆者が違う同一人物の伝記を対照して読む。

1 だいしょ 2 たいしょ 3 だいしょう 4 たいしょう

4 少女は朗らかに笑って部屋を出ていった。

1 あざやかに 2 ほがらかに 3 さわやかに 4 やわらかに

5 目標に達することが難しい。

1 たっする 2 だっする 3 たちする 4 だちする

6 地理学は分布の科学ともいわれる。

1 ふんふ 2 ふんぷ 3 ぶんふ 4 ぶんぷ

7 毎年8月14日に行われている花火大会が今年も開催されます。

1 かび 2 かひ 3 はなび 4 はなひ

8 市民の模範となる活動を行う。

1 ぼはん 2 もはん 3 ぼほん 4 もほん

問題2 ＿＿＿＿の言葉を漢字で書くとき、最もよいものを、1・2・3・4から一つ選びなさい。

1 この絵は、地球上からぜつめつした動物である。

1 絶減 2 切減 3 絶滅 4 切滅

2 自分達が今、何をきそっているのかを十分に意識している。

1 抗って 2 競って 3 戦って 4 争って

3 読書量と年収がひれいする。

1 比例 2 比列 3 批例 4 批列

4 彼女は子供のようなじゅんすいな笑顔で言っている。

1 鈍枠 2 純枠 3 鈍粋 4 純粋

5 様々なテーマを持ったたんぺん映画を集める。

1 矩遍 2 短遍 3 矩編 4 短編

6 馬があばれて3人が軽いけがをした。

1 暴れて 2 流れて 3 焦れて 4 騒れて

7 彼はそんとくを考えて行動する。

1 損徳 2 損得 3 存得 4 存徳

8 なんとなくちゅうしょうてきな内容で答えてしまった。

1 抽像的 2 軸像的 3 抽象的 4 軸象的

問題3　（　　　）に入れるのに最もよいものを、1・2・3・4から一つ選びなさい。

1 この（　　　）景気はいつまで続くのか。

1　非　　　　　2　不　　　　　3　反　　　　　4　否

2 授業中にお弁当を食べる（　　　）常識な学生もいます。

1　無　　　　　2　不　　　　　3　未　　　　　4　非

3 1年間の所得金額とは、1年かけて得られた（　　　）収入の金額のことを言います。

1　満　　　　　2　合　　　　　3　総　　　　　4　集

4 調査によると、労働者の70%は仕事（　　　）に対して満足した。

1　全般　　　　2　共同　　　　3　全面　　　　4　共通

5 年齢（　　　）の年収額が分かれば、人生の計画が立てやすくなる。

1　境　　　　　2　別　　　　　3　層　　　　　4　段

6 世界初の（　　　）先端技術が続々と登場しています。

1　最　　　　　2　特　　　　　3　極　　　　　4　頂

7 ある統計によると5年以内の起業失敗（　　　）はなんと95%です。

1　量　　　　　2　割　　　　　3　比　　　　　4　率

8 先ほど質問したのですが、情報（　　　）のため再度質問します。

1　短所　　　　2　弱点　　　　3　不足　　　　4　欠点

問題4 （　　　　）に入れるのに最もよいものを、1・2・3・4から一つ選びなさい。

1 パソコンの時計が数年単位で(　　　)いる。

1　はずれて　　　　2　くるって　　　　3　はしって　　　4　かかって

2 一刻を(　　　　)手術をしなければ、命の保証はない。
　いっこく

1　競って　　　　2　闘って　　　　3　戦って　　　4　争って

3 ポケットに手を(　　　)のは日本人にはあまり印象が良くない。

1　つっこむ　　　2　つまずく　　　3　くっつく　　　4　かたむく

4 吉本先生は、普通は厳しく見えるけど、優しい(　　　)もある。
　よしもと

1　一色　　　　2　一種　　　　3　一面　　　　4　一例

5 現在、電話がつながらない状況が(　　　)している。

1　発行　　　　2　発揮　　　　3　発生　　　　4　発明

6 この年賀状は、業者に頼んで写真が印刷された(　　　　)タイプのものです。
　　　　　　　ぎょうしゃ

1　分厚い　　　2　力強い　　　3　輝かしい　　　4　限りない

7 年末年始にテレビで(　　　　)される映画作品を紹介します。
　ねんまつねんし

1　引用　　　　2　放映　　　　3　採用　　　　4　反映

8 理由を説明しているのに上司から(　　　)をするなと怒られた。

1　説明　　　　2　回答　　　　3　提案　　　　4　言い訳

✎ ／8

問題5 ＿＿＿＿の言葉に意味が最も近いものを、１・２・３・４から一つ選びなさい。

1 資源とごみを見分ける方法はありますか。

1 選択する　　　　2 区別する　　　　3 売買する　　　　4 説明する

2 ロボットが人間から学び、器用に物をつかめる時代がやってくる。

1 一人で　　　　2 自分で　　　　3 上手に　　　　4 静かに

3 Ａ企業の成績はＢ企業よりおとる。

1 悪くない　　　　2 高くない　　　　3 優れる　　　　4 落ちる

4 済まないが私はまだ確信してない。

1 申し訳ないが　　2 かまわないが　　3 わからないが　　4 終わらないが

5 Ａ社は最高のエンジンを作るため、ひっしに努力している。

1 まじめに　　　　2 すなおに　　　　3 こっそり　　　　4 しずかに

6 彼の動作にあやういところはない。

1 かなしい　　　　2 あぶない　　　　3 やさしい　　　　4 おもしろい

7 今日は夕立があるかもしれない。

1 雪　　　　　　　2 風　　　　　　　3 雨　　　　　　　4 霧

8 失敗したとくやむよりその体験を生かすことが大切である。

1 断る　　　　　　2 あきらめる　　　3 疑う　　　　　　4 残念に思う

問題6　次の言葉の使い方として最もよいものを、１・２・３・４から一つ選びな
　　　　さい。

1　強気だ

1　土地を選ぶときに大切なのは地盤の強気だ。
2　自動車産業は日本の強気だと思う。
3　手術は、強気な状態で長生きすることにもつながる。
4　ABC番組で山田さんが強気な発言をした。

2　日帰り

1　海外旅行をするとき、行きと日帰りで飛行時間が違う。
2　上野動物園に行ったら日帰りに寄ってください。
3　スキーとバーベキューとパーティーを日帰りで楽しむ。
4　仕事で日帰りが遅くなってしまうことは少なくありません。

3　特色

1　A大学では特色ある行事や学習に力を入れています。
2　高い機能性で建物の特色を高めることができます。
3　飲み始めてからどれくらいで特色が現れますか。
4　なるべく早く目に見える数字で特色を出す必要があります。

4　絞る

1　今月で店を絞ることをどう説明しようか悩んでいる。
2　論点を絞って丁寧に説明した方が、審判にとってもわかりやすい。
3　今回の期間を通し、より気を絞って活動をしていこうと思った。
4　将来に不安を感じ、所得の低下に備えて財布のひもを絞っている。

01 음독 명사

- 暗証番号 (あんしょうばんごう) 비밀번호
- 一種 (いっしゅ) 일종
- 異動 (いどう) (직위, 근무처 등) 이동
- 上野駅発 (うえのえきはつ) 우에노 역 발(출발)
- 有無 (うむ) 유무
- 永遠 (えいえん) 영원
- 演説 (えんぜつ) 연설
- 応用力 (おうようりょく) 응용력
- 開幕 (かいまく) 개막
- 覚悟 (かくご) 각오
- 拡張 (かくちょう) 확장
- 加減 (かげん) 조절함, 알맞은 정도
- 火山帯 (かざんたい) 화산대
- 課程 (かてい) (대학 등의) 과정
- 過程 (かてい) (일이 되는) 과정

- 看護 (かんご) 간호
- 勘定 (かんじょう) 계산
- 器械 (きかい) 기계(동력을 이용하지 않음)
- 機械 (きかい) 기계(동력을 이용)
- 拒否 (きょひ) 거부
- 講師 (こうし) 강사
- 高物価 (こうぶっか) 고물가
- 根気 (こんき) 근기, 끈기
- 混乱 (こんらん) 혼란
- 再会 (さいかい) 재회
- 削除 (さくじょ) 삭제
- 撮影 (さつえい) 촬영
- 参照 (さんしょう) 참조
- 情報通 (じょうほうつう) 정보통
- 世界観 (せかいかん) 세계관

- 選手団 (せんしゅだん) 선수단
- 扇子 (せんす) 접부채, 쥘 부채
- 想像 (そうぞう) 상상
- 頼り (たよ) 의지
- 提供 (ていきょう) 제공
- 伝言 (でんごん) 전언
- 転転・転々 (てんてん・てんてん) 여기저기 옮겨 다님
- 投票 (とうひょう) 투표
- 熱中 (ねっちゅう) 열중
- 副会長 (ふくかいちょう) 부회장
- 変換 (へんかん) 변환, 전환
- 冒険 (ぼうけん) 모험
- 北極 (ほっきょく) 북극
- 盆地 (ぼんち) 분지
- 名人 (めいじん) 명인

02 훈독 명사

- 合図 (あいず) 신호
- 駆け込み (かけこみ) 뛰어듦, 늦지 않게 허둥댐
- 小麦 (こむぎ) 소맥, 밀
- 手品 (てじな) 요술(마술), 속임수

- 手間 (てま) (일을 하는데 드는) 수고, 시간
- 仲間 (なかま) 한패, 동료
- 軒 (のき) 처마
- 初雪 (はつゆき) 첫눈

- 歯磨き (はみがき) 양치질
- 腹 (はら) 배, (속)마음
- 万引き (まんびき) 몰래 훔침
- 湯気 (ゆげ) 김, 수증기

03 동사

- 当てはまる 들어맞다, 적합하다
- 伺う '듣다, 묻다, 방문하다'의 겸양어
- 後れる 뒤지다, 뒤떨어지다
- 納める 납입(납품)하다, 거두다(끝내다)
- 収める 손에 넣다, 성과를 올리다
- 買い占める 매점하다
- 隠す 감추다, 숨기다
- 暮らす 하루(세월)를 보내다, 살아가다
- 焦がす 태우다(눋게 하다), (애를) 태우다
- 凍える 얼다, (손, 발 등이) 추위로 곱아지다
- 腰掛ける 걸터앉다

- こしらえる 만들다, 마련(장만)하다
- 過ごす (시간을) 보내다, 지내다
- 揃う 갖추어지다, (모두 한 곳에) 모이다
- 蓄える 대비해 두다, 비축하다
- 縮める 줄이다, 작게 하다
- 浸ける (물에) 담그다
- 漬ける (김치 등을) 담그다(절이다)
- 釣り合う 균형이 잡히다, 어울리다(조화를 이루다)
- 尖る 뾰족해지다, 예민해지다
- 似合う 어울리다, 조화되다
- 行き着く (목적지에) 이르다

04 부사

- 意外と 의외로, 예상외로
- いきなり 갑자기, 느닷없이
- うきうき 룰루랄라, 신바람이 난 모양
- がっかり 낙담(실망)하는 모양
- ぎっしり 가득한 모양, 가득
- ぐったり 녹초가 되거나 느른한 모양
- しいんと・しんと 쥐 죽은 듯이 조용한
- しっかり 단단히(확고히), 견실하게

- すっかり 모두(온통), 죄다(몽땅)
- ずらり(と) 여럿이 늘어선 모양, 쭉
- たちまち 홀연, 갑자기
- どきどき 두근두근, 울렁울렁
- 突然 돌연, 갑자기
- ぴったり 빈틈없이 꼭 맞는 모양, 꼭, 딱, 꽉
- 再び 두 번, 재차(다시)
- わくわく 설레는 모양, 두근두근

1 다음 단어의 읽기 방법으로 알맞은 것을 고르세요.

1. 覚悟 　　　（① かくご　　　② かっご）

2. 勘定 　　　（① かんてい　　② かんじょう）

3. 名人 　　　（① めいにん　　② めいじん）

4. 扇子 　　　（① せんす　　　② せんし）

5. 有無 　　　（① うむ　　　　② ゆうむ）

2 다음 단어에 해당하는 일본어 한자를 써 보세요. 모르겠으면 힌트를 보고 풀어 보세요.

6. 촬영 (さつえい) 　　_____

7. 강사 (こうし) 　　　_____

8. 의지 (たより) 　　　_____

9. 참조 (さんしょう) 　_____

10. 거부 (きょひ) 　　　_____

힌트

6　① 録映	② 撮映	③ 録影	④ 撮影
7　① 構師	② 構士	③ 講師	④ 講士
8　① 衣り	② 任り	③ 頼り	④ 援り
9　① 賛照	② 参照	③ 賛考	④ 参考
10　① 拒否	② 拒不	③ 距否	④ 距不

3 다음 밑줄 친 한자를 히라가나로 써 보세요.

11. <u>歯磨き</u>は、１日３回程度行うのが理想です。　_____

12. これは海に住む動物の<u>一種</u>である。　_____

13. 誰でもできる簡単な<u>手品</u>です。　_____

14. あなたの感情を<u>隠す</u>必要はない。　_____

15. 画面上ですぐに<u>暗証番号</u>を確認できます。　_____

4 다음 괄호 안에 들어갈 단어로 알맞은 것을 고르세요.

16. 人事 (① 異動　② 移動) を行いますので、お知らせいたします。

17. ABC大学の大学院修士 (① 過程　② 課程) が大きく変わります。

18. 測定 (① 機械　② 器械) を使って、道路の幅をはかる。

19. 財布にお金を (① 納める　② 収める)。

20. 楽しい一時を (① 過ごす　② 暮らす)。

✦ 정답

1 ①　**2** ②　**3** ②　**4** ①　**5** ①　**6** ④　**7** ③　**8** ③　**9** ②　**10** ①

11 はみがき　**12** いっしゅ　**13** てじな　**14** かくす　**15** あんしょうばんごう

16 ①　**17** ②　**18** ②　**19** ②　**20** ①

✏️ / 8

問題1 ＿＿＿＿の言葉の読み方として最もよいものを、1・2・3・4から一つ
選びなさい。

1 水面から湯気が立っている。

1 ゆげ 2 ゆうげ 3 ゆき 4 ゆうき

2 この地方は盆地になっている。

1 ぶんち 2 ぼんち 3 ぶんじ 4 ぼんじ

3 冬の早朝、外に出ると凍えてしまう。

1 こえて 2 ととのえて 3 こごえて 4 とだえて

4 その時は手を振って合図してください。

1 ごうず 2 あいと 3 ごうと 4 あいず

5 ペンギンはなぜ北極にいないのか。

1 ほっごく 2 ほくきょく 3 ほくごく 4 ほっきょく

6 子供が新しいビデオゲームをもらって熱中している。

1 ねつちゅう 2 ねっちゅう 3 ねつじゅう 4 ねっじゅう

7 間違えてファイルを削除してしまった。

1 さくじ 2 しょうじ 3 さくじょ 4 しょうじょ

8 国鉄東京駅の中央線ホームを拡張する。

1 かくちょう 2 かくちょ 3 こうちょう 4 こうちょ

問題2 ＿＿＿＿の言葉を漢字で書くとき、最もよいものを、1・2・3・4から
一つ選びなさい。

1 患者さんの立場に立って<u>かんご</u>する。

　　1　看護　　　　　　2　介護　　　　　　3　介穫　　　　　　4　看穫

2 あの店は、<u>そうぞう</u>した以上に、料理も接客^{せっきゃく}も丁寧で素晴らしかった。

　　1　相象　　　　　　2　相像　　　　　　3　想象　　　　　　4　想像

3 どこか広い世界を<u>ぼうけん</u>したい。

　　1　冒検　　　　　　2　冒険　　　　　　3　帽険　　　　　　4　帽検

4 その国の経済は戦争で<u>こんらん</u>した。

　　1　困乱　　　　　　2　混雑　　　　　　3　混乱　　　　　　4　困雑

5 森には水を<u>たくわえる</u>働きがあります。

　　1　抱える　　　　　2　調える　　　　　3　蓄える　　　　　4　整える

6 初めて18歳以上が<u>とうひょう</u>できるようになった。

　　1　投票　　　　　　2　投要　　　　　　3　投栗　　　　　　4　投標

7 愛情が<u>えいえん</u>に続くものだと信じている。

　　1　延久　　　　　　2　永遠　　　　　　3　永久　　　　　　4　延遠

8 政府に関する情報を<u>ていきょう</u>します。

　　1　停供　　　　　　2　提共　　　　　　3　停共　　　　　　4　提供

問題3 （　　　）に入れるのに最もよいものを、1・2・3・4から一つ選びな
さい。

1 　独特の世界（　　　）を持つゲームなので、このゲームが好きだ。

　　1 　観　　　　　　2 　差　　　　　　3 　識　　　　　　4 　念

2 　いまの状態が続く限り、日本は世界一の（　　　）物価国になる。

　　1 　頂　　　　　　2 　特　　　　　　3 　高　　　　　　4 　上

3 　日本は限られた火山（かざん）（　　　）に位置している。

　　1 　界　　　　　　2 　帯　　　　　　3 　域　　　　　　4 　区

4 　「情報（　　　）」になると、仕事も人間関係もとても楽しくなります。

　　1 　式　　　　　　2 　流　　　　　　3 　原　　　　　　4 　通

5 　9時20分上野駅（　　　）のスカイライナーに乗る予定です。

　　1 　始　　　　　　2 　発　　　　　　3 　離　　　　　　4 　出

6 　会長の代わりに（　　　）会長が記者会見を行った。

　　1 　副　　　　　　2 　補　　　　　　3 　準　　　　　　4 　従

7 　現場でも通用する応用（　　　）を身につける。

　　1 　能　　　　　　2 　考　　　　　　3 　力　　　　　　4 　気

8 　日本代表選手（　　　）の応援をよろしくお願いいたします。

　　1 　集　　　　　　2 　組　　　　　　3 　族　　　　　　4 　団

✏ / 8

問題4 （　　　）に入れるのに最もよいものを、1・2・3・4から一つ選びなさい。

1 スポーツカーが（　　　）並んでいる。

1 すっかり　　　2 ずらりと　　　3 がっかり　　　4 がっくり

2 パソコンのおかげで、論文を読む（　　　）が省ける。

1 手際　　　2 能力　　　3 手間　　　4 努力

3 流行に（　　　）損をする。

1 おくれて　　　2 おちて　　　3 おとって　　　4 まけて

4 メニューを実行すると、漢字をひらがなに（　　　）します。

1 改正　　　2 改造　　　3 転換　　　4 変換

5 目の前にある仕事をひとつひとつ（　　　）よくやっていく。

1 活気　　　2 根気　　　3 意図　　　4 意欲

6 いつもは（　　　）が減ったらお菓子に手を伸ばしていた。

1 腰　　　2 背　　　3 肩　　　4 腹

7 顔色が悪く、（　　　）している。

1 ぐったり　　　2 しっかり　　　3 すっきり　　　4 ぎっしり

8 開発チームはＡＩが独自の言語使用法に（　　　）ことを明らかにしている。

1 こしらえた　　　2 付け加えた　　　3 行き着いた　　　4 割り込んだ

問題5 ＿＿＿の言葉に意味が最も近いものを、1・2・3・4から一つ選びなさい。

1 <u>仲間</u>と協力して行動する。

1 家族　　　　　2 親友　　　　　3 友人　　　　　4 同僚

2 <u>万引き</u>しているところを見つけた。

1 さがして　　　2 にげて　　　　3 ぬすんで　　　4 かくれて

3 あてはまるものを選んでください。

1 ぴったり<ruby>合<rt>あ</rt></ruby>う　2 <ruby>気<rt>き</rt></ruby>に<ruby>入<rt>い</rt></ruby>る　3 <ruby>異<rt>こと</rt></ruby>なる　4 <ruby>思<rt>おも</rt></ruby>い<ruby>出<rt>だ</rt></ruby>す

4 文章を<u>ちぢめて</u>書けるなら、その方がいいです。

1 易しくして　2 短くして　　　3 <ruby>引用<rt>いんよう</rt></ruby>して　4 きれいに

5 今していることを話そうと思うと<u>わくわくした</u>。

1 恥ずかしかった 2 悲しかった　　3 嬉しかった　　4 怖かった

6 家の中は<ruby>何時<rt>いつ</rt></ruby>も<u>しんとしている</u>。

1 うるさい　　　2 明るい　　　　3 心配だ　　　　4 静かだ

7 どうして<u>つりあわない</u>と感じてしまうのか。

1 <ruby>似合<rt>にあ</rt></ruby>わない　2 <ruby>正<rt>ただ</rt></ruby>しくない　3 <ruby>汚<rt>きたな</rt></ruby>い　4 <ruby>関係<rt>かんけい</rt></ruby>ない

8 高校時代の友達が<u>いきなり</u>訪ねてきた。

1 やっと　　　　2 きゅうに　　　3 いちどに　　　4 つぎつぎ

問題6 次の言葉の使い方として最もよいものを、1・2・3・4から一つ選びなさい。

1 再会

1 社長は再会を開き、記者からの質問に一つ一つ丁寧に答えた。
2 山田さんは久しぶりに同級生たちとの再会を楽しんだようだ。
3 来週、アルバイトの再会があるので、持っていく履歴書を用意した。
4 駅の近くを歩いていたら声をかけられて、テレビ番組の再会を受けた。

2 浸ける

1 汚れを落とす前に、汚い皿は水に浸けておきましょう。
2 景品を浸けることで、消費者の購買意欲を高める。
3 ブローチは、デザインや、浸ける位置によって印象が変わる。
4 韓国では、本格的な冬を迎える前に、大量のキムチを浸けます。

3 意外と

1 意外とところで友達の名前が出てきました。
2 意外と事態になってどうしてよいかわからなくなる。
3 アンケートしたら、事前の予想に反して意外と結果になった。
4 街を少し歩くと、意外と喫茶店が多いことに気がつきます。

4 加減

1 車のエンジンの加減が悪くなった。
2 感情を加減するのは案外難しい。
3 ちょっとした塩の加減が料理の味を変化させる。
4 皆の意見をうまく加減して話をまとめる。

01 음독 명사

□ 以後 이후, 앞으로	□ 催促 재촉	□ 大至急 몹시 급함(서두름)
□ 以降 이후	□ 才能 재능	□ 貯金 저금
□ 引退 은퇴	□ 再発行 재발행	□ 徹夜 철야
□ 運河 운하	□ 索引 색인	□ 批判 비판
□ 延期 (기한 등을) 연기	□ 参考 참고	□ 評判 평판, 인기가 있음
□ 演技 (배우 등의) 연기	□ 辞退 사퇴	□ 不満 불만
□ 価格 가격	□ 失業 실업	□ 返品 반품
□ 鑑賞 (그림 등을) 감상	□ 湿度 습도	□ 包装 포장
□ 感心 감탄	□ 借金 차금, 빚	□ 未決定 미결정
□ 感想 감상(감상문 등)	□ 主産地 주산지	□ 無地 무지, 무늬가 없음
□ 官庁街 관청가, 공관 지구	□ 上昇 상승	□ 無条件 무조건
□ 管理 관리	□ 食品 식품	□ 輸血 수혈
□ 完了 완료	□ 制服 제복	□ 翌日 익일, 다음 날(이튿날)
□ 苦情 고충, 불평(불만)	□ 戦時下 전시하	□ 漁師 고기잡이, 어부
□ 競馬 경마	□ 組織 조직	□ 列島 열도

02 훈독 명사

□ 足跡 발자취, 발자국	□ お巡りさん 순경	□ 素人 비전문가(초심자)
□ 宛名 수신인명(주소와 성명)	□ 片道 편도	□ 峠 산마루(고개), 고비
□ 薄化粧 엷은 화장	□ 癖 버릇, 습관	□ 初舞台 첫 무대
□ お代わり 같은 음식을 더 먹음(리필)	□ 白髪 백발	□ 木綿 무명, 면직물

03 동사

- 扱う（あつか） 다루다, 취급하다
- 溢れる（あふ） 가득 차서 넘치다, 흘러넘치다
- うつむく 머리(고개)를 숙이다
- 抱える（かか） 안다(끼다), 떠맡다(책임지다)
- 稼ぐ（かせ） 벌다, 시간을 벌다(끌다)
- 叶う（かな） 희망대로 되다, 이루어지다
- 砕ける（くだ） 부서지다, 꺾이다
- くたびれる 지치다(피로하다), (오래 써서) 낡다
- 削る（けず） 깎다, 삭제하다(삭감하다)
- 越える（こ） (높은 곳 등을) 넘다, (강 등을) 건너다
- 超える（こ） 기준을 넘다, 초월하다

- 焦げる（こ） 타다, 눋다
- こぼす 엎지르다, 불평하다(푸념하다)
- 溢れる・零れる（こぼ・こぼ） 넘쳐흐르다, 흩어져 떨어지다
- 堪える（こら） 참다(견디다), (감정 등을) 억제하다(참다)
- 妨げる（さまた） 방해하다, 지장을 주다
- 済ます（す） 끝내다, 때우다(해결하다)
- ずらす 위치나 시간을 조금 옮기다
- 責める（せ） 비난하다, 책망하다
- 抱く（だ） 안다, (알을) 품다
- 濁る（にご） 탁하게 되다, 흐려지다
- 儲ける（もう） 벌다(이익을 보다)

04 가타카나

- アドバイス 어드바이스(advice)
- アピール 어필(appeal)
- アマチュア 아마추어(amateur)
- アレンジ 어레인지(arrange), 편곡(각색)
- アンケート 앙케트(enquête)
- アンコール 앙코르(encore)
- インタビュー 인터뷰(interview)
- エラー 에러(error)

- カートン 카턴(carton), 담배 10갑
- カンニング 커닝(cunning), 부정행위
- クレーム 클레임(claim), 불평(불만)
- シーズン 시즌(season), 계절
- スムーズ 스무즈(smooth), 순조로움(원활함)
- センス 센스(sense), 감각(눈치)
- デビュー 데뷔(début), 첫 무대(첫 출연)
- ユニホーム 유니폼(uniform), 제복

워밍업

1 다음 단어의 읽기 방법으로 알맞은 것을 고르세요.

1. 価格 (① かかく ② かがく)

2. 延期 (① えんき ② えんぎ)

3. 列島 (① れっと ② れっとう)

4. 運河 (① うんか ② うんが)

5. 催促 (① さいそく ② さいぞく)

2 다음 단어에 해당하는 일본어 한자를 써 보세요. 모르겠으면 힌트를 보고 풀어 보세요.

6. 비판 (ひはん) _____

7. 취급하다 (あつかう) _____

8. 깎다 (けずる) _____

9. 관리 (かんり) _____

10. 이루어지다 (かなう) _____

힌트

6	① 非判	② 批判	③ 批反	④ 非反
7	① 拠う	② 吸う	③ 扱う	④ 処う
8	① 削る	② 消る	③ 彫る	④ 刻る
9	① 管利	② 管理	③ 官利	④ 官理
10	① 適う	② 協う	③ 敵う	④ 叶う

3 다음 밑줄 친 한자를 히라가나로 써 보세요.

11. 片道でのご予約はできません。(　　　　)

12. 索引があれば知りたい用語を簡単に調べられる。(　　　　)

13. 正しい宛名の書き方を説明します。(　　　　)

14. コンクリートの壁に波が砕ける。(　　　　)

15. 犬と猫の足跡はとてもかわいい。(　　　　)

4 다음 괄호 안에 들어갈 단어로 알맞은 것을 고르세요.

16. (① 以後　② 以降) 気をつけます。

17. 去年まで (① 感想　② 鑑賞) した作品を全部並べる。

18. 彼の意見を (① 参考　② 参照) にする。

19. 学費を (① 稼ぐ　② 儲ける) ためにアルバイトしたいです。

20. 先月の残業が、100時間を (① 越えて　② 超えて) しまった。

◆ **정답**

1 ①　**2** ①　**3** ②　**4** ②　**5** ①　**6** ②　**7** ③　**8** ①　**9** ②　**10** ④
11 かたみち　**12** さくいん　**13** あてな　**14** くだける　**15** あしあと
16 ①　**17** ②　**18** ①　**19** ①　**20** ②

問題1 _____ の言葉の読み方として最もよいものを、1・2・3・4から一つ
選びなさい。

1 湿度が高いと暑いと感じる。

　1　しつと　　　　　2　しっと　　　　　3　しつど　　　　　4　しっど

2 彼は今たくさんの問題を抱えている。

　1　つかまえて　　　2　かかえて　　　　3　ささえて　　　　4　おさえて

3 仕事のストレスのせいで白髪が増えた。

　1　しろけ　　　　　2　しろげ　　　　　3　しらか　　　　　4　しらが

4 競馬の中継をネットで見る。

　1　けいば　　　　　2　けいま　　　　　3　きょうば　　　　4　きょうま

5 17世紀に木綿の靴下が大量生産された。

　1　もめん　　　　　2　もうめん　　　　3　もくめん　　　　4　ぼくめん

6 少しでも借金を減らしたい。

　1　しゃくきん　　　2　しゃくぎん　　　3　しゃっきん　　　4　しゃっぎん

7 メールが届いていれば、予約は完了しています。

　1　かんりょ　　　　2　かんりょう　　　3　がんりょ　　　　4　がんりょう

8 涙を堪えて、スピーチしていた姿が私にはとても印象的でした。

　1　たえて　　　　　2　たたえて　　　　3　こしらえて　　　4　こらえて

問題2 ＿＿＿＿の言葉を漢字で書くとき、最もよいものを、1・2・3・4から一つ選びなさい。

1 りょうしの仕事に興味がある。

   1 魚帥   2 漁帥   3 魚師   4 漁師

2 日本国内では毎日約3,000人の患者がゆけつを受けている。

   1 輪皿   2 輪血   3 輸血   4 輸皿

3 トーストが真っ黒にこげて、食べられない。

   1 焼げて   2 焦げて   3 煙げて   4 熱げて

4 海外旅行に行くために、ちょきんを頑張っている。

   1 貯金   2 貯銀   3 蓄金   4 蓄銀

5 交番でおまわりさんに道を尋ねたら親切に教えてくれました。

   1 お回りさん   2 お巡りさん   3 お周りさん   4 お廻りさん

6 ログインに使用するメールアドレスをへんこうした。

   1 変更   2 変換   3 変替   4 変改

7 上手くいかなくても自分をせめてはいけない。

   1 怒めて   2 疑めて   3 責めて   4 憎めて

8 彼は会社というそしきで働くことに向いていると思う。

   1 祖織   2 祖識   3 組識   4 組織

✏ / 8

問題3　（　　　）に入れるのに最もよいものを、１・２・３・４から一つ選びな
さい。

1　（　　　）至急お願い、なるべく早くお願いします。

　　１　大　　　　　　２　超　　　　　　３　高　　　　　　４　極

2　この野菜は、北海道が全国生産量の約８割を占める（　　　）産地です。

　　１　本　　　　　　２　真　　　　　　３　要　　　　　　４　主

3　官庁（　　　）は官庁の多く集まる地域である。

　　１　町　　　　　　２　坂　　　　　　３　街　　　　　　４　界

4　図書館で戦時（　　　）の人々の暮らしについて勉強した。

　　１　限　　　　　　２　下　　　　　　３　付　　　　　　４　属

5　パスポートを（　　　）発行してもらいに来ました。

　　１　改　　　　　　２　更　　　　　　３　再　　　　　　４　複

6　実はナチュラルメイクは、（　　　）化粧というわけでもない。

　　１　薄　　　　　　２　浅　　　　　　３　軽　　　　　　４　弱

7　ナゴヤドームでの日程（　　　）決定試合は、１０月１日に決定いたしました。

　　１　不　　　　　　２　未　　　　　　３　前　　　　　　４　後

8　市民投票は基地建設に（　　　）条件に反対する。

　　１　非　　　　　　２　不　　　　　　３　否　　　　　　４　無

問題4 （　　　　）に入れるのに最もよいものを、１・２・３・４から一つ選びなさい。

---

1 ブラジルは、ボールを回して時間を（　　　　）プレーを見せた。

1　せめる　　　　　2　もうける　　　　3　ついやす　　　　4　かせぐ

---

2 彼はいつも（　　　　）服を着ている。

1　つかれた　　　　2　あこがれた　　　3　くたびれた　　　4　わすれた

---

3 パウダーが（　　　　）ようにケースを水平にしてご使用ください。

1　こぼれない　　　2　おちない　　　　3　あふれない　　　4　かたよらない

---

4 ABC病院の食事は美味しいと（　　　　）です。

1　評価　　　　　　2　評判　　　　　　3　決断　　　　　　4　診断

---

5 山田選手は肩の手術のため、日本代表参加を（　　　　）した。

1　退場　　　　　　2　避難　　　　　　3　辞退　　　　　　4　逃避

---

6 （　　　　）があったとしても、継続した努力がなければ実を結ばない。

1　機能　　　　　　2　才能　　　　　　3　効力　　　　　　4　効用

---

7 星野さんは（　　　　）がいいから安い服でもおしゃれに見える。

1　タイミング　　　2　ニュアンス　　　3　ステップ　　　　4　センス

---

8 仕事を（　　　　）進めるためには、働きやすい環境づくりが欠かせません。

1　スムーズに　　　2　シンプルに　　　3　ソフトに　　　　4　クリアに

✎ ／8

問題5 ＿＿＿の言葉に意味が最も近いものを、１・２・３・４から一つ選びなさい。

1 お客様からの<u>クレーム</u>を受けたのは初めてです。

1 質問　　　　　2 注文　　　　　3 返品　　　　　4 苦情

2 <u>ユニホーム</u>が似合うかっこいい男になりたい。

1 職業　　　　　2 集団　　　　　3 制服　　　　　4 服装

3 女優として<u>初舞台</u>を踏む。

1 スタジオ　　　2 デビュー　　　3 ステージ　　　4 ポジション

4 専門学校に入学する生徒のほとんどは<u>素人</u>です。

1 アマチュア　　2 スマート　　　3 フリー　　　　4 エンジニア

5 お昼は蕎麦で<u>済ました</u>。

1 注文した　　　2 選んだ　　　　3 解決した　　　4 料理した

6 いつの間にか<u>癖</u>になってしまった。

1 習慣　　　　　2 病気　　　　　3 趣味　　　　　4 遊び

7 日本の発展を<u>さまたげている</u>。

1 願っている　　2 望んでいる　　3 夢見ている　　4 じゃましている

8 <u>翌日</u>でもかまいません。

1 前の日　　　　2 次の日　　　　3 明日　　　　　4 明後日

問題6　次の言葉の使い方として最もよいものを、1・2・3・4から一つ選びなさい。

1　アドバイス

1　上司からアドバイスを受けることもある。

2　実際にアドバイスを行うところを見学した。

3　お金を稼ぐためにアドバイスを探している。

4　今は冬でも暖かい部屋でアドバイスを食べる。

2　ずらす

1　メンバーの卒業で、チームからメンバーをずらす。

2　患者さんと話すときはマスクをずらした方が良い。

3　打ち合わせの日程を後ろにずらしてもらった。

4　切手は水を使えば簡単にずらすことができる。

3　食品

1　どうして人間には食品の好き嫌いがあるのですか？

2　子どもたちが水や食品が得られるよう、寄付ご協力ください。

3　食品は、主食も含めた食べ物全般、調理する食材の意味です。

4　全国各地の人気の食品に関連した観光情報をご紹介します。

4　お代わり

1　この帽子をあれとお代わりしてくださいませんか。

2　定食はご飯、味噌汁がお代わり出来ます。

3　では、スケジュールのお代わりがあったら連絡します。

4　不良品をどのようにお代わりしたらよいか教えてください。

01 음독 명사

- □ 握手 악수
- □ 案内状 안내장
- □ 維持 유지
- □ 英国式 영국식
- □ 解消 해소
- □ 回復 회복
- □ 介抱 병구완, 간호
- □ 括弧 괄호
- □ 記憶 기억
- □ 苦心 고심
- □ 訓練 훈련
- □ 芸能界 예능계
- □ 結果論 결과론
- □ 月給 월급
- □ 原稿 원고

- □ 功績 공적
- □ 作業 작업
- □ 再来週 다다음 주
- □ 敷地 부지, 대지
- □ 思想 사상
- □ 湿気・湿気 습기
- □ 地面 지면
- □ 車輪 차륜, 수레바퀴
- □ 柔道 유도
- □ 首都 수도
- □ 招待 초대
- □ 図鑑 도감
- □ 製造 제조
- □ 生存率 생존률
- □ 体格 체격

- □ 大臣 대신, 장관
- □ 訂正 정정
- □ 伝染 전염
- □ 道徳 도덕
- □ 俳優 배우
- □ 発揮 발휘
- □ 発売 발매
- □ 封筒 봉투
- □ 夫人 부인(남의 아내의 경칭)
- □ 婦人 부인, 여성
- □ 返却 반각, 반환
- □ 包装 포장
- □ 膨張 팽창
- □ 募集 모집
- □ 民謡 민요

02 훈독 명사

- □ 息抜き 잠시 쉼, 숨을 돌림
- □ 嘘 거짓말
- □ 噂 세간의 평판, 소문
- □ およそ 대강(대충), 대략

- □ 時間切れ 마감 시간이 넘음
- □ 芝生 잔디
- □ 瀬戸物 도자기, 사기 그릇
- □ 種 종자(씨), (사물의) 원인

- □ 並木 가로수
- □ 裸 알몸, 무일푼
- □ 針金 철사
- □ 間際 막 ~하려는 찰나

03 동사

□ 痛む 아프다, 괴롭다

□ 傷む 파손되다, 상하다

□ 補う 보충하다, 보상하다

□ 包む 휘감아 싸다(휩싸다), 감싸다

□ 捜す (잃어버린 것을) 찾다

□ 探す (원하는 것을) 찾다

□ 逆らう 거슬러 나아가다, 거역하다

□ 湿る 축축해지다, 우울해지다 (※1그룹 활용)

□ 存じ上げる '알다, 생각하다'의 겸양어

□ 存じる '알다, 생각하다'의 겸양어

□ 炊く 밥을 짓다

□ 焚く 불을 피우다, 목욕물을 데우다

□ 助かる 살아나다, 도움이 되다

□ 縮む 줄다(오그라들다), 줄어들다

□ 散らかす 흩뜨리다, 어지르다

□ 散らかる 흩어지다, 어질러지다

□ 散らす 흩뜨리다, 분산시키다

□ 散る (꽃이) 지다, 흩어지다 (※1그룹 활용)

□ 積む 쌓다(싣다), 거듭하다

□ 除く 제거하다(없애다), 제외하다(빼다)

□ 振り向く (뒤)돌아보다

□ 乱れる 어지러워지다(흐트러지다), 혼란해지다

04 い형용사

□ 粗い 엉성하다(조잡하다), (알갱이가) 곱지 않다

□ 惜しい 아깝다, 애석하다

□ 好ましい 호감이 가다, 바람직하다

□ だらしない 칠칠치 못하다, 야무지지 못하다

□ 相応しい 어울리다

□ もったいない 과분하다, (함부로 써서) 아깝다

05 な형용사

□ 悪趣味だ 악취미다

□ 安易だ 안이하다

□ 円満だ 원만하다

□ おおざっぱだ 대략적이다(조잡하다), 대충이다

□ 気軽だ 선뜻하다, 소탈하다

□ 気楽だ 마음 편하다, 홀가분하다

□ 手軽だ 손쉽다, 간편하다

□ 手頃だ 알맞다(적합하다), 적당하다

1 다음 단어의 읽기 방법으로 알맞은 것을 고르세요.

1. 地面 (① ちめん ② じめん)

2. 図鑑 (① とかん ② ずかん)

3. 月給 (① げつきゅう ② げっきゅう)

4. 握手 (① あくしゅ ② あくしゅう)

5. 焚く (① たく ② だく)

2 다음 단어에 해당하는 일본어 한자를 써 보세요. 모르겠으면 힌트를 보고 풀어 보세요.

6. 제조 (せいぞう) _____

7. 병구완 (かいほう) _____

8. 배우 (はいゆう) _____

9. 유지 (いじ) _____

10. 원고 (げんこう) _____

힌트

6 ① 製増	② 制増	③ 制造	④ 製造
7 ① 介穫	② 看穫	③ 介抱	④ 看抱
8 ① 排憂	② 排優	③ 俳憂	④ 俳優
9 ① 維持	② 維待	③ 推持	④ 推待
10 ① 願槁	② 原稿	③ 願稿	④ 原槁

3 다음 밑줄 친 한자를 히라가나로 써 보세요.

11. 子どもの頃、柔道を習っていた。　_____

12. 正門まで並木が続いている。　_____

13. 日本の首都は東京です。　_____

14. 瀬戸物は燃えないゴミです。　_____

15. 芝生を踏まないでください。　_____

4 다음 괄호 안에 들어갈 단어로 알맞은 것을 고르세요.

16. (① 夫人　② 婦人)は他人の妻に対する敬称です。

17. 彼の (① 嘘　② 噂) を聞いたことがある。

18. 台風で屋根が (① 傷む　② 痛む)。

19. 赤ん坊を毛布で (① つつんで　② くるんで) 抱く。

20. 落とした財布を (① 探して　② 捜して) いる。

◆ **정답**

1 ②　**2** ②　**3** ②　**4** ①　**5** ①　**6** ④　**7** ③　**8** ④　**9** ①　**10** ②

11 じゅうどう　**12** なみき　**13** しゅと　**14** せともの　**15** しばふ

16 ①　**17** ②　**18** ①　**19** ②　**20** ②

✏ / 8

問題1 ＿＿＿＿の言葉の読み方として最もよいものを、1・2・3・4から一つ選びなさい。

1 このタイミングでの発売は大きな決断であった。

1 はつばい 2 はっばい 3 はつぱい 4 はっぱい

2 これは説明書をよく読んで作業してください。

1 さくぎょう 2 さぎょう 3 さくごう 4 さごう

3 ドイツ語の英訳を括弧に入れる。

1 かつこう 2 かつこ 3 かっこう 4 かっこ

4 大臣が記者会見で発表する。

1 だいしん 2 たいしん 3 だいじん 4 たいじん

5 彼は生活費の確保に苦心している。

1 こしん 2 ごしん 3 くじん 4 くしん

6 税金に関するアンケートを実施し、広く意見を募集します。

1 ぼしゅう 2 ぼうしゅ 3 ぼしゅ 4 ぼうしゅう

7 一人を除いて全員出席した。

1 はぶいて 2 ぬいて 3 のぞいて 4 ひいて

8 机の上に本がたくさん積んである。

1 あんで 2 つんで 3 むすんで 4 たたんで

問題2 ＿＿＿の言葉を漢字で書くとき、最もよいものを、1・2・3・4から
一つ選びなさい。

1 宗教（しゅうきょう）としそうは、「信じること」と「考えること」である。

　　1　思相　　　　2　私想　　　　3　思想　　　　4　私相

2 イベントにしょうたいしてくれて有難（ありがと）うございます。

　　1　紹持　　　　2　招持　　　　3　紹待　　　　4　招待

3 仕事が忙しくて食生活がみだれている。

　　1　乱れて　　　2　荒れて　　　3　暴れて　　　4　破れて

4 水は4℃以下でも氷になるまで、ぼうちょうする。

　　1　樹帳　　　　2　膨張　　　　3　樹張　　　　4　膨帳

5 価値観（かちかん）の違いが、喧嘩（けんか）のたねになる。

　　1　働　　　　　2　腫　　　　　3　種　　　　　4　衝

6 私は上司にさからってしまったことがあります。

　　1　拒って　　　2　逆らって　　3　争って　　　4　敵らって

7 ふうとうに切手を貼（は）る。

　　1　封筒　　　　2　封答　　　　3　佳筒　　　　4　佳答

8 イギリスでは、商品にプレゼントほうそうをしてくれる。

　　1　舗装　　　　2　舗粧　　　　3　包粧　　　　4　包装

問題3 （　　　　）に入れるのに最もよいものを、1・2・3・4から一つ選びなさい。

1 彼は芸能（　　　　）での成功を目指している。

　　1　域　　　　　2　界　　　　　3　区　　　　　4　帯

2 （　　　　）来週の日曜日に大事な行事があります。

　　1　次　　　　　2　翌　　　　　3　改　　　　　4　再

3 彼は（　　　　）趣味な冗談を言う人じゃない。

　　1　危　　　　　2　苦　　　　　3　悪　　　　　4　劣

4 案内（　　　　）を出すタイミングは、できるだけ早い時期に発送をします。

　　1　状　　　　　2　告　　　　　3　便　　　　　4　示

5 英国（　　　　）教育が高く評価される。

　　1　型　　　　　2　式　　　　　3　類　　　　　4　則

6 「結婚すれば、幸せになれる」というが、それは結果（　　　　）に過ぎない。

　　1　定　　　　　2　属　　　　　3　論　　　　　4　種

7 一般に性別によって生存（　　　　）が異なる場合がある。

　　1　比　　　　　2　度　　　　　3　割　　　　　4　率

8 試験を解いている途中で時間（　　　　）になった。

　　1　切れ　　　　2　終え　　　　3　越え　　　　4　折れ

問題4 （　　　）に入れるのに最もよいものを、1・2・3・4から一つ選びな
さい。

1 売れるのに捨ててしまうのは（　　　）。

1 おしい 　　　　2 だらしない 　　　3 もったいない 　4 まずしい

2 （　　　）BGMは売り上げに良い影響を与える。

1 たのもしい 　　2 このましい 　　3 うらやましい 　4 のぞましい

3 ABCホテルは（　　　）価格で宿泊できる。

1 気楽な 　　　　2 手軽な 　　　　3 気軽な 　　　　4 手頃な

4 社員の不満を（　　　）するために努力している。

1 解消 　　　　　2 削除 　　　　　3 減量 　　　　　4 停止

5 男性が女性より（　　　）ががっしりしていて背が高い。

1 体格 　　　　　2 姿勢 　　　　　3 格好 　　　　　4 容姿

6 これまでの練習の成果を十分に（　　　）して、思いっきり輝いてください。

1 明示 　　　　　2 表現 　　　　　3 発揮 　　　　　4 公開

7 彼らは投資のプロではありませんから（　　　）信じてはいけませんよ。

1 素直に 　　　　2 柔軟に 　　　　3 短期に 　　　　4 安易に

8 部屋が（　　　）いる人は片付くと落ち着かないと言います。

1 飛び越えて 　　2 散らかって 　　3 見わたして 　　4 落ち込んで

✎ / 8

問題5 ＿＿＿の言葉に意味が最も近いものを、１・２・３・４から一つ選びな
さい。

1 服が<u>ちぢんで</u>しまった。

1 小さくなって 2 汚れて 3 破れて 4 古くなって

2 全体的には表現が少し<u>粗い</u>という印象（いんしょう）を持ちました。

1 長い 2 単純（たんじゅん）だ 3 難しい 4 おおざっぱだ

3 出発<u>間際</u>のお問い合わせは、必ずお電話にてご連絡下さい。

1 直後 2 直前 3 当日 4 前日

4 その件は<u>存じ上げて</u>おります。

1 話しています 2 考えています 3 知っています 4 思っています

5 僕も<u>息抜き</u>したい。

1 働きたい 2 待ちたい 3 休みたい 4 急ぎたい

6 来週は天気が<u>回復する</u>ところが多くなります。

1 変わりやすい 2 よくなる

3 あまり変わらない 4 悪くなる

7 この帽子と靴下は<u>湿っている</u>ね。

1 まだ乾いていない 2 まだきれいになっていない

3 もう乾いている 4 もうきれいになっている

8 彼女の姿は、映画を観（み）た人なら誰もが<u>記憶して</u>いるでしょう。

1 応援して 2 語って 3 心配して 4 覚えて

問題6 次の言葉の使い方として最もよいものを、1・2・3・4から一つ選びなさい。

1 ふさわしい

1 人は基本的に自分がふさわしいと思った行動を取る。

2 華やかな結婚式にふさわしい素敵なドレスを選びたい。

3 自分の足と靴がふさわしいかどうか、自分で確かめる。

4 自分と性格がふさわしければ、結婚してからもうまくいく。

2 返却

1 大統領が領土の返却に同意することはできない。

2 情勢は、今後大きく返却される可能性がある。

3 予告なく使用する食材が返却になる場合がある。

4 中間テストは、いつ答案が返却されるかわからない。

3 裸

1 こんなの裸に決まっている。

2 性格が悪いとの裸があるらしい。

3 彼は事業に失敗して裸になった。

4 君のことがすごい裸になっている。

4 振り向く

1 キーッという急ブレーキの音がして振り向くと車が衝突していた。

2 道を渡るときは、左右を振り向いて車が来ないことを確認しよう。

3 彼は私を見ると、恥ずかしそうに下を振り向いたまま顔を上げなかった。

4 だれかが空を指さしたので、近くにいた人たちが一斉に上を振り向いた。

01 음독 명사

□ 運賃 うんちん 운임
□ 合同 ごうどう 합동
□ 象徴 しょうちょう 상징

□ 演劇 えんげき 연극
□ 作物 さくもつ 작물(농작물)
□ 焦点 しょうてん 초점

□ 拡充 かくじゅう 확충
□ 作法 さほう 예의범절, 예절
□ 成績 せいせき 성적

□ 確率 かくりつ 확률
□ 姿勢 しせい 자세
□ 成長 せいちょう 성장

□ 火災 かさい 화재
□ 実習 じっしゅう 실습
□ 整備 せいび 정비

□ 火事 かじ 화재(불)
□ 指導 しどう 지도
□ 専念 せんねん 전념

□ 格好 かっこう 모습(꼴), 모양
□ 紙幣 しへい 지폐
□ 操作 そうさ 조작

□ 儀式 ぎしき 의식
□ 収穫 しゅうかく 수확
□ 尊重 そんちょう 존중

□ 休憩 きゅうけい 휴게
□ 就任 しゅうにん 취임
□ 太鼓 たいこ 북

□ 旧正月 きゅうしょうがつ (음력) 설, 구정
□ 出世 しゅっせ 출세
□ 注目 ちゅうもく 주목

□ 規律 きりつ 규율
□ 寿命 じゅみょう 수명
□ 人間味 にんげんみ 인간미

□ 化粧 けしょう 화장
□ 需要 じゅよう 수요
□ 熱帯 ねったい 열대

□ 見当 けんとう 어림(예측), 짐작
□ 奨学金 しょうがくきん 장학금
□ 秘密 ひみつ 비밀

□ 外科 げか 외과
□ 省資源 しょうしげん 자원 절약
□ 薬局 やっきょく 약국

□ 現象 げんしょう 현상
□ 乗車券 じょうしゃけん 승차권
□ 領事館 りょうじかん 영사관

02 훈독 명사

□ 裏口 うらぐち 뒷문, 부정한 수단
□ きっかけ 시작, 계기
□ 船便 ふなびん 선편, 배편

□ 大風呂敷 おおぶろしき 큰 보자기, 과장해 말함
□ 薬漬け くすりづけ 다량의 약을 환자에게 투여
□ 目途・目処 めど・めど 목표, 전망

□ 親離れ おやばなれ 부모로부터 독립(자립)
□ 芝居 しばい 연극, 속임수
□ 目安 めやす 목표, 표준(기준)

□ 変わり目 かわりめ 바뀔 때
□ 好き好き すきずき 각자의 취향이 다름
□ 湯飲み ゆのみ (작은) 찻잔

138

03 동사

□ 与える 주다, 입히다(가하다)

□ 当てはめる 꼭 들어 맞추다, 적용시키다

□ 甘やかす 응석을 받아주다

□ 誤る 실수하다(틀리다), 잘못하다

□ 失う 잃다, 잃어버리다

□ 映す 비치게 하다(투영하다), 상영하다

□ 写す 베끼다, 찍다, 그리다

□ 裏切る 배반하다, (예상에) 어긋나다 (※1그룹 활용)

□ 訪れる 방문하다, (시기가) 찾아오다

□ 傾く 한쪽으로 쏠리다, 한쪽으로 치우치다

□ からかう 조롱하다, 놀리다

□ 刻む 잘게 썰다, 조각하다, 마음에 새겨 두다

□ 差し支える 지장이 있다

□ 誘う 꾀다, 불러내다, ~하게 하다(자아내다)

□ 錆びる 녹슬다

□ 冷ます 식히다, (열을) 내리게 하다

□ 涼む 시원한 바람을 쐬다

□ 属する (어떤 범위 안에) 속하다

□ 尋ねる 묻다, 찾다, 탐구하다

□ 通りすぎる 지나쳐 가다, 통과하다

□ 反する 반하다, 위반되다, 거스르다

□ 冷やす 차게 하다(식히다), 진정시키다

04 い형용사

□ 慌ただしい 어수선하다, 분주하다

□ 薄暗い 어둡다, 어둑어둑하다

□ 思いがけない 의외이다, 뜻밖이다

□ 鋭い 날카롭다, 예리하다

□ 懐かしい 그립다

□ 物凄い 끔찍하다, 굉장하다(지독하다)

05 な형용사

□ 曖昧だ 애매하다

□ 大げさだ 과장하다, 거창하다

□ 奇妙だ 기묘하다

□ 莫大だ 막대하다

□ 非効率的だ 비효율적이다

□ 膨大だ 방대하다

□ 尤もだ 지당하다, 사리에 맞다

□ 柔らかだ 부드럽다, 유연하다

1 다음 단어의 읽기 방법으로 알맞은 것을 고르세요.

1. 作物 　　(① さくぶつ 　　② さくもつ)

2. 規律 　　(① きりつ 　　② きりち)

3. 実習 　　(① じつしゅう 　　② じっしゅう)

4. 操作 　　(① そうさ 　　② そうさく)

5. 柔らかだ 　(① なだらかだ 　　② やわらかだ)

2 다음 단어에 해당하는 일본어 한자를 써 보세요. 모르겠으면 힌트를 보고 풀어 보세요.

6. 상징(しょうちょう) _____

7. 성적(せいせき) _____

8. 의식(ぎしき) _____

9. 운임(うんちん) _____

10. 베끼다(うつす) _____

힌트

6 ① 像徴　　② 象微　　③ 象徴　　④ 像微

7 ① 成績　　② 成積　　③ 誠績　　④ 誠積

8 ① 義式　　② 儀式　　③ 議式　　④ 犠式

9 ① 運貸　　② 運費　　③ 運賃　　④ 運貨

10 ① 影す　　② 撮す　　③ 映す　　④ 写す

3 다음 밑줄 친 한자를 히라가나로 써 보세요.

11. これは私たちだけの<u>秘密</u>だ。 _____

12. 彼は<u>外科</u>を専門とする医師だ。 _____

13. <u>奨学金</u>を受けながら大学に通っている。 _____

14. この料理の味が<u>懐かしい</u>。 _____

15. 夏は窓を開け、自然の風を入れて<u>涼んだ</u>。 _____

4 다음 괄호 안에 들어갈 단어로 알맞은 것을 고르세요.

16. 山 (① 火災 ② 火事) は見る見るうちに広がった。

17. イベント開催の (① 目途 ② 目安) が立たない。

18. 風景をキャンバスに (① 映す ② 写す)。

19. 誰でも自信を (① 失う ② 落とす) 瞬間はやってきます。

20. すいかをよく (① 冷やして ② 冷まして) 食べる。

◆ **정답**

1 ② **2** ① **3** ② **4** ① **5** ② **6** ③ **7** ① **8** ② **9** ③ **10** ④
11 ひみつ **12** げか **13** しょうがくきん **14** なつかしい **15** すずんだ
16 ② **17** ① **18** ② **19** ① **20** ①

✎ ／8

問題1 ＿＿＿＿の言葉の読み方として最もよいものを、1・2・3・4から一つ
選びなさい。

1 教員が子どもと向き合う時間を拡充する。

1 こうじゅ　　　2 かくじゅ　　　3 こうじゅう　　　4 かくじゅう

2 近ごろの若い者は作法を知らない。

1 さほう　　　2 さくほう　　　3 さっぽう　　　4 さっぽう

3 地球には多くの自然現象が存在する。

1 げんそう　　　2 げんしょう　　　3 げんぞう　　　4 げんじょう

4 姿勢の悪い子供が増えている。

1 しぜい　　　2 しっぜい　　　3 しせい　　　4 しっせい

5 猫の寿命はどれくらいなのか？

1 じゅめい　　　2 じゅみょう　　　3 じゅうめい　　　4 じゅうみょう

6 薬をもらいに薬局に行った。

1 やくきょく　　　2 やくぎょく　　　3 やっきょく　　　4 やっぎょく

7 これを船便で送って下さい。

1 ふなびん　　　2 ふねびん　　　3 ふなべん　　　4 ふねべん

8 いやがるのも尤もなことだ。

1 とっても　　　2 とても　　　3 もっとも　　　4 もとも

問題2 　＿＿＿＿の言葉を漢字で書くとき、最もよいものを、1・2・3・4から
一つ選びなさい。

1　ここで30分間きゅうけいします。

1　休態　　　　　2　休憩　　　　　3　体憩　　　　　4　体態

2　キャベツは年に2回しゅうかくできる。

1　集穫　　　　　2　集得　　　　　3　収穫　　　　　4　収得

3　結果がでるまでは厳しくしどうします。

1　指道　　　　　2　支導　　　　　3　支道　　　　　4　指導

4　彼は最高の地位までしゅっせした。

1　出世　　　　　2　出成　　　　　3　昇世　　　　　4　昇成

5　けしょうを落とさずに寝てしまった。

1　化粧　　　　　2　花装　　　　　3　花粧　　　　　4　化装

6　ゆのみはプレゼントによく選ばれています。

1　陽飲み　　　　2　揚飲み　　　　3　湯飲み　　　　4　楊飲み

7　機会があればまたさそってください。

1　請って　　　　2　勧って　　　　3　招って　　　　4　誘って

8　彼は人に感動をあたえる仕事をしている。

1　授える　　　　2　与える　　　　3　供える　　　　4　贈える

/ 8

問題3　(　　　)に入れるのに最もよいものを、1・2・3・4から一つ選びな
さい。

1　今年は1月25日が(　　　)正月となる。

1　元　　　　　　2　昔　　　　　　3　旧　　　　　　4　先

2　(　　　)暗いところで読書をすると目が疲れる。

1　浅　　　　　　2　薄　　　　　　3　軽　　　　　　4　弱

3　米国は世界各国に領事(　　　)を置いている。

1　室　　　　　　2　所　　　　　　3　堂　　　　　　4　館

4　(　　　)資源で長く使用できる製品をつくる。

1　省　　　　　　2　軽　　　　　　3　薄　　　　　　4　弱

5　人間(　　　)あふれる市場で沖縄の食文化を感じる。

1　感　　　　　　2　味　　　　　　3　像　　　　　　4　様

6　病院側は、経営的な事情から患者を薬(　　　)にしてしまう傾向があります。

1　浸し　　　　　2　溶け　　　　　3　漬け　　　　　4　満ち

7　かつてに比べ、親(　　　)できない子供が増えたと言われています。

1　落ち　　　　　2　抜け　　　　　3　逃げ　　　　　4　離れ

8　残業時間が減らないのは、(　　　)効率的な会議が多いからだろう。

1　非　　　　　　2　不　　　　　　3　未　　　　　　4　無

問題4　（　　　）に入れるのに最もよいものを、1・2・3・4から一つ選びなさい。

1　パートだけど、面接はちゃんとした（　　　）で行ったほうがいいのかな。

　1　外見　　　　　　2　容姿　　　　　　3　様子　　　　　　4　格好

2　何から手をつけてよいのか全く（　　　）がつかない。

　1　目印　　　　　　2　見当　　　　　　3　発想　　　　　　4　仮定

3　A社はベンチャー企業から大企業まで（　　　）した。

　1　展開　　　　　　2　発達　　　　　　3　成長　　　　　　4　上昇

4　（　　　）活動を通して、表現力や演技力を身につける。

　1　演劇　　　　　　2　劇　　　　　　　3　芝居　　　　　　4　ドラマ

5　今後は、研究に（　　　）するための支援を行うことを目的とします。

　1　注目　　　　　　2　特定　　　　　　3　統一　　　　　　4　専念

6　飲み過ぎると明日の仕事に（　　　）よ。

　1　差し支えます　　　　　　　　　　2　引っかかります

　3　割り込みます　　　　　　　　　　4　かかわり合います

7　日本には「責任を（　　　）にする文化」があるといわれます。

　1　質素　　　　　　2　軟弱　　　　　　3　あいまい　　　　4　ささやか

8　質問コーナーでは、子どもたちの（　　　）質問に先生も嬉しそうでした。

　1　にぶい　　　　　2　するどい　　　　3　ゆるい　　　　　4　けわしい

✏️ ／8

問題5 _____ の言葉に意味が最も近いものを、1・2・3・4から一つ選びな
さい。

1 これは、生徒の知識への影響に注目した研究です。

  1 驚いた 2 疑問を持った 3 感動した 4 関心を持った

2 人により好き好きはあると思います。

  1 好みが合うこと 2 好みが違うこと

  3 好きになること 4 気に入ること

3 ある低学年の男の子が、クラスの生徒をからかいました。

  1 なぐりました 2 呼びました 3 困らせました 4 泣かせました

4 きざんだネギを冷蔵保存する。

  1 細かく切った 2 乾燥した 3 加熱調理した 4 きれいに洗った

5 上司にあやまった内容のメールを送ってしまった。

  1 秘密の 2 正しくない 3 古い 4 必要のない

6 昨日、思いがけない本との出会いがあった。

  1 悲しい 2 おもしろい 3 ふしぎな 4 意外な

7 彼は私の両親の安否を尋ねた。

  1 質問した 2 報告した 3 連絡した 4 伝言した

8 彼の大風呂敷はいつものこと。

  1 優しさ 2 冷静さ 3 大げさ 4 真面目さ

問題6　次の言葉の使い方として最もよいものを、1・2・3・4から一つ選びなさい。

1 　きっかけ

1　世紀のきっかけに子供たちはまだ工場で働いていた。

2　彼の意見がそのグループでの議論のきっかけになった。

3　賛成するきっかけが多くの人の意見を代表するものだったからだ。

4　このきっかけを逃したら、私は今後そこに行くことはないだろう。

2 　甘やかす

1　彼女は小さい時から両親に甘やかされて育った。

2　全体的な難易度は昨年より甘やかした感がある。

3　気象情報や台風情報を甘やかさないことが大切である。

4　彼女はコーヒーを甘やかしてデザート感覚で楽しんでいる。

3 　あわただしい

1　ロボット工学の発展は本当にあわただしく、この分野の技術は発展している。

2　あまり良くないイメージだが、あわただしい人はとても速い行動力がある。

3　沖縄では春はあわただしく、冬が終わると、すぐ夏になるように感じられる。

4　変化のあわただしい業界であるということは、新しい人材も必要になることである。

4 　合同

1　改善をしようと思ったら、みんなの合同がなければできない。

2　さいたま市は、浦和市・大宮市・与野市の3市が合同して誕生した。

3　トイレ・シャワーなどは同じ寮に住んでいる人たちと合同で使う。

4　ABC医療短期大学とABC医療専門学院の合同のスポーツ大会が行われた。

01 음독 명사

- □ 悪影響 악영향
- □ 違反 위반
- □ 改正 개정
- □ 火山 화산
- □ 楽器 악기
- □ 機能 기능
- □ 義務 의무
- □ 休息 휴식
- □ 協調 협조
- □ 句読点 구두점
- □ 軍隊 군대
- □ 掲示 게시
- □ 欠陥 결함
- □ 現時点 현시점
- □ 高学年 고학년

- □ 交際 교제
- □ 香水 향수
- □ 交代 교대, 교체
- □ 国境 국경
- □ 最高潮 최고조
- □ 雑談 잡담
- □ 左右 좌우
- □ 持参 지참
- □ 始終 시종, 자초지종
- □ 子孫 자손
- □ 霜 서리, 성에
- □ 視野 시야
- □ 就職 취직
- □ 重役 중역
- □ 首相 수상

- □ 主役 주역
- □ 準優勝 준우승
- □ 消耗 소모
- □ 上京 상경
- □ 森林 삼림
- □ 頭痛 두통
- □ 頭脳 두뇌
- □ 清掃 청소
- □ 世間 세간, 세상
- □ 先頭 선두
- □ 相違 상위, 서로 다름
- □ 大木 대목, 큰 나무
- □ 低燃費 저연비
- □ 農産物 농산물
- □ 唯一 유일

02 훈독 명사

- □ 誤り 실수, 오류
- □ 勢い 기세(기운), 추세
- □ 井戸 우물
- □ 匙を投げる (관용어) 포기하다

- □ 洒落 익살, 멋부림
- □ 相撲 스모, 일본 씨름
- □ 台詞 대사
- □ 田植え 모내기

- □ 初咲き 그해 들어 처음 핀 꽃
- □ 群れ 떼, 무리
- □ 役目 임무, 책임
- □ 役割 역할, 임무(소임)

03 동사

□ 編む^あ 짜다, 엮다

□ 心得る^{こころ え} 납득하다, 알다

□ 承る^{うけたまわ} '떠맡다, 듣다, 전해 듣다, 승낙하다'의 겸양어

□ 遡る^{さかのぼ} 거슬러 올라가다

□ 打ち合わせる^{う あ} 미리 의논하다, 협의하다

□ 刺す^さ 찌르다, (모기가) 물다

□ 追う^お 좇다(따르다), 쫓다(뒤쫓다)

□ 指す^さ 가리키다, 지적하다(지명하다)

□ 拝む^{おが} 두 손 모아 빌다, 절하다

□ 注す^さ (액체를) 붓다

□ 怠る^{おこた} 게을리 하다, 소홀히 하다(태만히 하다)

□ 射す^さ (광선, 그림자가) 비치다

□ 脅かす^{おど} 위협(협박)하다, 깜짝 놀라게 하다

□ 挿す^さ 꽂다, 끼우다

□ 脅かす^{おびや} 위협(협박)하다, 위태롭게 하다

□ 占める^し 차지하다, 자리 잡다

□ 思い込む^{おも こ} 굳게 결심하다, 꼭 (그렇다고) 믿다

□ 救う^{すく} 구원하다(도와주다), 살리다

□ 乾く^{かわ} 마르다, 건조하다

□ 怠ける^{なま} 게으름을 피우다, 소홀히 하다(태만히 하다)

□ 渇く^{かわ} 목이 마르다, 몹시 바라다

□ 果たす^は 완수하다, 달성하다

04 い형용사

□ 暖かい^{あたた} (날씨 등이) 따뜻하다, 경제 사정이 좋다

□ 愛しい^{いと} 몹시 귀엽다, 사랑스럽다, 가엽다

□ 温かい^{あたた} (물건이나 음식 등이) 따뜻하다, 다정하다(정답다)

□ 逞しい^{たくま} 늠름하다, 씩씩하다

□ 勇ましい^{いさ} 용감하다(용맹스럽다), 활기차다(씩씩하다)

□ 激しい^{はげ} 심하다, 세차다(격렬하다)

05 な형용사

□ 意地悪だ^{い じ わる} 짓궂다, 심술궂다

□ 順調だ^{じゅんちょう} 순조롭다

□ 偉大だ^{い だい} 위대하다

□ 清潔だ^{せいけつ} 청결하다

□ 温厚だ^{おんこう} 온후하다

□ 不器用だ^{ぶ きよう} 서투르다, 솜씨가 없다

□ 小柄だ^{こ がら} 몸집(모양)이 작다

□ 厄介だ^{やっかい} 귀찮다, 성가시다

1 다음 단어의 읽기 방법으로 알맞은 것을 고르세요.

1. 火山　　　（① かさん　　　② かざん）

2. 始終　　　（① ししゅう　　② しじゅう）

3. 雑談　　　（① ざつだん　　② ざっだん）

4. 欠陥　　　（① けつかん　　② けっかん）

5. 唯一　　　（① ゆいいつ　　② ゆいいち）

2 다음 단어에 해당하는 일본어 한자를 써 보세요. 모르겠으면 힌트를 보고 풀어 보세요.

6. 악기 (がっき)　　　_____

7. 스모 (すもう)　　　_____

8. 의무 (ぎむ)　　　_____

9. 비치다 (さす)　　　_____

10. 구원하다 (すくう)　_____

힌트

6	① 楽器	② 楽機	③ 薬器	④ 薬機
7	① 想僕	② 相僕	③ 相撲	④ 想撲
8	① 義努	② 義務	③ 議努	④ 議務
9	① 挿す	② 指す	③ 刺す	④ 射す
10	① 療う	② 助う	③ 治う	④ 救う

3 다음 밑줄 친 한자를 히라가나로 써 보세요.

11. <u>台詞</u>を一日で覚える。 ＿＿＿＿＿＿＿

12. 大量の血液を<u>消耗</u>する。 ＿＿＿＿＿＿＿

13. 馬に乗って<u>先頭</u>に立つ。 ＿＿＿＿＿＿＿

14. この発明は彼の<u>頭脳</u>が生んだものだ。 ＿＿＿＿＿＿＿

15. <u>句読点</u>を使って文章を分かりやすくする。 ＿＿＿＿＿＿＿

4 다음 괄호 안에 들어갈 단어로 알맞은 것을 고르세요.

16. 人と機械が (① 協調　② 強調) して働く。

17. 舞台で登場人物の (① 役目　② 役割) を演じる。

18. 彼は掃除当番を (① 怠けて　② 怠って) いる。

19. 社長の地位が (① おどかされる　② おびやかされる)。

20. 今日は懐が (① 暖かい　② 温かい)。

✦ **정답**

1 ②　**2** ②　**3** ①　**4** ②　**5** ①　**6** ①　**7** ③　**8** ②　**9** ④　**10** ④

11 せりふ　**12** しょうもう　**13** せんとう　**14** ずのう　**15** くとうてん

16 ①　**17** ②　**18** ①　**19** ②　**20** ①

✏ / 8

問題1 ＿＿＿＿の言葉の読み方として最もよいものを、1・2・3・4から一つ
選びなさい。

1 左右をよく見て横断する。

1 さゆう 　　　　2 さゆ 　　　　3 ざゆ 　　　　4 ざゆう

2 彼らは国境を越えて行った。

1 こくきょう 　　2 こっきょう 　　3 こくけい 　　4 こっけい

3 退職する重役に敬意を表す。

1 ちょうえき 　　2 じゅうえき 　　3 ちょうやく 　　4 じゅうやく

4 台風で倒れた大木がそのままになっている。

1 たいもく 　　　2 だいもく 　　　3 たいぼく 　　　4 だいぼく

5 彼は明日上京する予定だ。

1 じょうけい 　　2 じょうきょ 　　3 じょうげい 　　4 じょうきょう

6 猫は清潔な動物である。

1 せいきつ 　　　2 せっきつ 　　　3 せいけつ 　　　4 せっけつ

7 池が庭園の中心を占めている。

1 しめて 　　　　2 つめて 　　　　3 せめて 　　　　4 うめて

8 犬の走る姿はとても勇ましい。

1 たくましい 　　2 いさましい 　　3 ねたましい 　　4 うらやましい

問題2 　　　　の言葉を漢字で書くとき、最もよいものを、1・2・3・4から
一つ選びなさい。

1 兄は大企業にしゅうしょくした。

1 祝識 　　　　 2 祝職 　　　　 3 就識 　　　　 4 就職

2 彼は真剣にこうさいしている。

1 校祭 　　　　 2 交際 　　　　 3 交祭 　　　　 4 校際

3 世界各国のぐんたいの食事を比較してみた。

1 軍隊 　　　　 2 軍遂 　　　　 3 軍墜 　　　　 4 軍隧

4 面接に履歴書をじさんしてください。

1 持惨 　　　　 2 待惨 　　　　 3 持参 　　　　 4 待参

5 子どもが出来たら、人生のしゅやくが子どもになる。

1 注投 　　　　 2 主投 　　　　 3 注役 　　　　 4 主役

6 火のいきおいが強くなる。

1 暴い 　　　　 2 勢い 　　　　 3 乱い 　　　　 4 荒い

7 時計の針が正午をさした。

1 指した 　　　　 2 刺した 　　　　 3 射した 　　　　 4 挿した

8 利用者がじゅんちょうに増加している。

1 順長 　　　　 2 準長 　　　　 3 順調 　　　　 4 準調

✏ / 8

問題3 （　　　）に入れるのに最もよいものを、1・2・3・4から一つ選びなさい。

1 テレビゲームは子供に（　　　）影響を与える。

　1 危　　　　　　2 陰　　　　　　3 悪　　　　　　4 劣

2 この話は（　　　）時点で語るには早すぎる。

　1 当　　　　　　2 現　　　　　　3 近　　　　　　4 直

3 彼は世界選手権に初出場して（　　　）優勝した。

　1 準　　　　　　2 次　　　　　　3 副　　　　　　4 後

4 小学生（　　　）学年になると多くの漢字を覚える。

　1 上　　　　　　2 優　　　　　　3 良　　　　　　4 高

5 映画スターが現れてから、パーティは（　　　）高潮に達した。

　1 特　　　　　　2 最　　　　　　3 極　　　　　　4 頂

6 （　　　）燃費の軽自動車を1位から6位までご紹介します。

　1 安　　　　　　2 下　　　　　　3 少　　　　　　4 低

7 今年のバラの（　　　）咲きが終わりました。

　1 初　　　　　　2 開　　　　　　3 発　　　　　　4 頭

8 自分のことを（　　　）器用だと思っている。

　1 否　　　　　　2 非　　　　　　3 不　　　　　　4 放

問題4 （　　　　）に入れるのに最もよいものを、1・2・3・4から一つ選びな
さい。

1 労働基準法の一部を（　　　　）する。

1 転換　　　　　2 変換　　　　　3 改正　　　　　4 改造

2 冷蔵庫に（　　　　）がついてしまった。

1 霧　　　　　　2 霜　　　　　　3 露　　　　　　4 雲

3 特定の人たちが、蚊に（　　　　）というのは事実のようだ。

1 刺されやすい　2 挿されやすい　3 注されやすい　4 射されやすい

4 LANに接続するとさまざまな（　　　　）が使えるようになります。

1 効力　　　　　2 才能　　　　　3 効用　　　　　4 機能

5 ビジネスにおいて広い（　　　　）を持つことは大切です。

1 視察　　　　　2 視線　　　　　3 視野　　　　　4 視界

6 夫婦間ではいろんな点で意見が（　　　　）することがある。

1 相違　　　　　2 対比　　　　　3 間隔　　　　　4 大別

7 人目を気にして流行を（　　　　）いる。

1 寄って　　　　2 追って　　　　3 限って　　　　4 至って

8 （　　　　）人は皆から好かれる性格の持ち主です。

1 良性な　　　　2 優良な　　　　3 温暖な　　　　4 温厚な

✎ / 8

問題5 _____の言葉に意味が最も近いものを、1・2・3・4から一つ選びなさい。

1 日本の森林はどのくらいありますか。

  1 もり   2 おか   3 のはら   4 ふもと

2 上司につかまって雑談をせざるをえないときがある。

  1 説明   2 あいさつ   3 報告   4 おしゃべり

3 普通に匙を投げたくらいでは気が済まない。

  1 断わった   2 あきらめた   3 がんばった   4 怒った

4 担当者とプロジェクトで打ち合わせる。

  1 約束する   2 計画する   3 相談する   4 連絡する

5 自分は若いと思い込む。

  1 信じる   2 理解する   3 伝える   4 だます

6 彼は心得ていると思っている。

  1 心配している   2 覚えている   3 教えている   4 わかってる

7 それが大きければ大きいだけいっそう厄介なものになる。

  1 おもしろい   2 面倒な（めんどう）   3 あぶない   4 複雑な（ふくざつ）

8 入院している妻をいとしく思う。

  1 かなしく   2 うれしく   3 かわいく   4 さびしく

問題6　次の言葉の使い方として最もよいものを、1・2・3・4から一つ選びなさい。

1 世間

1 野生パンダの世間を描いた貴重な絵物語。

2 携帯電話が普及してからのスピード世間。

3 ビジネスで、業界の常識は世間の非常識。

4 あまり知られていない犯罪心理学の世間。

2 暖かい

1 体が暖かくなる。

2 暖かい布団で寝る。

3 暖かいコーヒーを飲む。

4 暖かい季節がやってくる。

3 挿す

1 小さな花瓶に花を挿した。

2 朝日が挿して周りが明るい。

3 自転車のブレーキに油を挿す。

4 彼を犯人に挿している。

4 掲示

1 アイコンをクリックして論文が掲示されている雑誌の所在を確認できます。

2 今年1年を漢字1字で表したらというアンケート結果が掲示されています。

3 名刺に自分の写真を掲示することで強く印象づけることができます。

4 日本画・アクリル・鉛筆など様々な方法で描かれた作品が掲示されました。

01 음독 명사

- 衣食住 의식주
- 一般職 일반직
- 以来 이래, 이후
- 映画界 영화계
- 概論 개론
- 各自 각자
- 箇所 개소, 군데
- 価値 가치
- 看護師 간호사
- 勧誘 권유
- 供給 공급
- 漁業 어업
- 禁煙 금연
- 経由 경유
- 見解 견해

- 貢献 공헌
- 孝行 효행
- 胡椒 후추, 후춧가루
- 最中 한창인 때
- 砂漠 사막
- 磁石 자석
- 地盤 지반
- 修繕 수선
- 終電 마지막 전철, 막차
- 縮小 축소
- 準特急 준특급
- 正午 정오
- 諸民族 여러 민족
- 真空 진공
- 侵入 침입

- 推薦 추천
- 寸法 치수, 길이
- 相互 상호
- 抵抗 저항
- 導入 도입
- 反映 반영
- 半島 반도
- 服装 복장
- 棒 막대기(棒に振る 헛되게 하다) (관용어)
- 未解決 미해결
- 密閉 밀폐
- 名監督 명감독
- 銘銘・銘々 각자, 각각
- 用心 조심, 주의, 경계
- 余裕 여유

02 훈독 명사

- 至るところ 도처, 가는 곳마다
- 大凡 대강(대략), 대체로
- 釘 못
- 口紅 입술연지, 립스틱

- 酒場 술집
- 盛り 한창(때)
- 狙い 겨냥, 노리는 바(목적)
- 望み 소망, 가망

- 場面 장면, 경우
- 古新聞 헌 신문
- 真昼 한낮(대낮), 백주
- 悪口 욕

03 동사

言い付ける 명령하다(말로 시키다), 고자질하다	狙う 겨누다, 노리다
得る 얻다, 획득하다	含まれる 포함되다, 속에 들어 있다
追い付く 따라잡다, 달하다	放る 집어치우다(단념하다), (돌보지 않고) 내버려 두다
嗅ぐ 냄새 맡다, 탐지하다	吠える 짖다(으르렁거리다), 큰 소리로 울다
畳む 꺾어 접다, 개다	見詰める 응시하다, 주시하다
通じる 통하다, 연결되다	見張る (눈을) 크게 뜨다, 망보다(지키다)
着ける (바짝 갖다) 대다, (몸에) 걸치다	見守る 지켜보다, 주의해서 보다
照らす 빛을 비추다, 비추어 보다(대조하다)	目指す 지향하다, 목표로 하다
問い合わせる 문의하다, 조회하다	破れる 찢어지다, 터지다
止まる·留まる·停まる (한 곳에서) 움직이지 않다	敗れる 지다, 패배하다
並べる 늘어놓다(나란히 하다), 견주다(필적하다)	略す 생략하다, 줄이다, 공략하다, 약취하다

04 부사

相変わらず 변함없이, 여전히	進んで 자진해서, 적극적으로
依然として 여전히	せめて 하다못해, 적어도
ぐずぐず 우물쭈물, 투덜투덜	即座に 즉석에서
こっそり 남이 모르게 행동하는 모양(살짝, 가만히, 몰래)	そっと 조용히 하는 모양(살짝, 가만히, 몰래)
好んで 즐겨(좋아서), 곧잘(자주)	とりあえず 곧바로, 우선(일단)
さっぱり 후련한 모양, (부정어가 붙어서) 전혀	のんびり 유유히, 한가로이
しみじみ 절실히, 곰곰이	平然と 태연히
少なくとも 적어도	ますます 점점, 더욱 더

워밍업

1 다음 단어의 읽기 방법으로 알맞은 것을 고르세요.

1. 服装　　　（① ふくそう　　② ふくしょう）

2. 正午　　　（① せいご　　② しょうご）

3. 箇所　　　（① こしょ　　② かしょ）

4. 密閉　　　（① みっぺい　　② みっぱい）

5. 孝行　　　（① こうこう　　② こうぎょう）

2 다음 단어에 해당하는 일본어 한자를 써 보세요. 모르겠으면 힌트를 보고 풀어 보세요.

6. 여유 (よゆう)　　_____

7. 저항 (ていこう)　　_____

8. 개론 (がいろん)　　_____

9. 추천 (すいせん)　　_____

10. 찢어지다 (やぶれる)　　_____

힌트

6	① 余祐	② 余裕	③ 叙祐	④ 叙裕
7	① 底抗	② 底坑	③ 抵抗	④ 抵坑
8	① 概論	② 概諭	③ 慨論	④ 慨諭
9	① 維篤	② 推篤	③ 維薦	④ 推薦
10	① 割れる	② 破れる	③ 削れる	④ 被れる

3 다음 밑줄 친 한자를 히라가나로 써 보세요.

11. 彼は私たちに投票を<u>勧誘</u>した。 _____

12. 彼女は唇に<u>口紅</u>を塗った。 _____

13. 人間にとって<u>衣食住</u>が生活の基本です。 _____

14. この成功は彼の<u>貢献</u>が大きかった。 _____

15. 京都は訪れる<u>価値</u>がある。 _____

4 다음 괄호 안에 들어갈 단어로 알맞은 것을 고르세요.

16. 被害は一カ所に (① とまった ② とどまった)。

17. 病後の経過を注意深く (① 見詰める ② 見守る)。

18. 泣いているから、しばらく (① こっそり ② そっと) しておこう。

19. 優勝の (① 望み ② 夢) はない。

20. 出題の (① 目当て ② 狙い) をよく考える。

✎ ／8

問題1 ＿＿＿＿の言葉の読み方として最もよいものを、1・2・3・4から一つ
選びなさい。

1 屋根の寸法を記入する。

 1 そんぼう   2 そんぽう   3 すんぼう   4 すんぽう

2 彼はアメリカ経由でヨーロッパに行った。

 1 けいゆ   2 けいゆう   3 きょうゆ   4 きょうゆう

3 日本人と外国人が相互理解を深める。

 1 しょうご   2 しょうごう   3 そうご   4 そうごう

4 家を建てる土地としては地盤が弱い。

 1 じはん   2 じばん   3 ちはん   4 ちばん

5 小さい釘の抜き方を教えてください。

 1 くぎ   2 ねじ   3 かぎ   4 はり

6 酒場の主人にミルクを頼む。

 1 さけば   2 さかば   3 さけじょう   4 さかじょう

7 プレーオフでは敗れてしまったけれど2位の成績です。

 1 つぶれて   2 たおれて   3 みだれて   4 やぶれて

8 最近は「アルバイト」より、略して「バイト」の方がもっと一般的です。

 1 やくして   2 かくして   3 りゃくして   4 きゃくして

問題2 ＿＿＿の言葉を漢字で書くとき、最もよいものを、1・2・3・4から一つ選びなさい。

1 電力をきょうきゅうする。

1 共拾   2 供拾   3 共給   4 供給

2 世界では今、さばくが広がっている。

1 砂漠   2 沙膜   3 砂膜   4 沙漠

3 この部屋はきんえんです。

1 噤煙   2 噤煩   3 禁煙   4 禁煩

4 この家はもうしゅうぜんしても駄目だ。

1 修善   2 修繕   3 収善   4 収繕

5 塩とこしょうで軽く味付（あじつ）けする。

1 湖寂   2 胡寂   3 湖椒   4 胡椒

6 PDFのファイルサイズをしゅくしょうする。

1 縮小   2 縮少   3 宿小   4 宿少

7 勉強をほうって遊びに行く。

1 遊って   2 放って   3 吠って   4 芳って

8 車を玄関につける。

1 付ける   2 浸ける   3 着ける   4 漬ける

✏️ ⬜ / 8

問題3 （　　　　）に入れるのに最もよいものを、1・2・3・4から一つ選びなさい。

1 一般（　　　）は高卒、女子大卒の女性から人気です。

    1 業　　　　　　2 研　　　　　　3 署　　　　　　4 職

2 2002年3月から男女ともに「看護（　　　）」という名称^{めいしょう}に統一された。

    1 婦　　　　　　2 士　　　　　　3 師　　　　　　4 人

3 彼は日本映画（　　　）に無くてはならない存在となった。

    1 帯　　　　　　2 界　　　　　　3 域　　　　　　4 区

4 世界平和と（　　　）民族の友好を目指す。

    1 諸　　　　　　2 複　　　　　　3 総　　　　　　4 種

5 各駅停車は空いてるので、下手に（　　　）特急乗るよりいいかも。

    1 前　　　　　　2 次　　　　　　3 準　　　　　　4 副

6 偉大な選手であっても、必ずしも（　　　）監督にはならない。

    1 超　　　　　　2 首　　　　　　3 元　　　　　　4 名

7 犯人は特定できず（　　　）解決事件となった。

    1 外　　　　　　2 未　　　　　　3 否　　　　　　4 前

8 （　　　）新聞を縛って束にする。

    1 古　　　　　　2 廃　　　　　　3 破　　　　　　4 腐

問題4　（　　　）に入れるのに最もよいものを、1・2・3・4から一つ選びなさい。

1　世の中には冗談が（　　　）人もいる。

　1　至らない　　　　2　通じない　　　　3　当たらない　　　4　渡らない

2　その料金には、朝食サービスも（　　　）いますか？

　1　詰め込まれて　　2　納められて　　　3　割り込まれて　　4　含まれて

3　5年ぶりの出場になるが、優勝を（　　　）頑張りたい。

　1　にぎって　　　　2　とらえて　　　　3　めざして　　　　4　みはって

4　パソコンの授業は何を期待して（　　　）されているのでしょうか？

　1　導入　　　　　　2　移行　　　　　　3　引用　　　　　　4　吸収

5　会議の内容をビジネスへ（　　　）させる。

　1　参考　　　　　　2　放映　　　　　　3　反映　　　　　　4　採用

6　ビジネスでは謙譲語（けんじょうご）を使う（　　　）がとても多い。

　1　場面　　　　　　2　要所　　　　　　3　名所　　　　　　4　画面

7　夫婦で田舎（いなか）へ引越して、農業でもやりながら（　　　）暮らしたい。

　1　がらがら　　　　2　ぐっすり　　　　3　だぶだぶ　　　　4　のんびり

8　学生時代の経験から何を（　　　）のか素直に表現する。

　1　込めた　　　　　2　得た　　　　　　3　にぎった　　　　4　はさんだ

✏️ ____ / 8

問題5 _____ の言葉に意味が最も近いものを、1・2・3・4から一つ選びな
さい。

1 銘銘が意見を述べる。

1 各自 　　　　 2 男女 　　　　 3 両方 　　　　 4 両者

2 研究者がそれぞれの意見や見解を発表する。

1 教え方 　　　 2 考え方 　　　 3 決め方 　　　 4 調べ方

3 真昼の星を見ることができた。

1 明け方 　　　 2 夕方 　　　　 3 午後 　　　　 4 正午

4 IMFは用心したほうがいいと言いました。

1 努力 　　　　 2 我慢 　　　　 3 注意 　　　　 4 遠慮

5 彼は私に仕事をいいつけて外出した。

1 命令して 　　 2 報告して 　　 3 連絡して 　　 4 相談して

6 事態はますます悪くなった。

1 すでに 　　　 2 かえって 　　 3 とっくに 　　 4 もっと

7 高齢者の消費者被害が依然として多くあります。

1 実際には 　　 2 相変わらず 　 3 これまでより 4 思った通り

8 とりあえずその場で様子を見ることにしました。

1 直接 　　　　 2 さっき 　　　 3 一応 　　　　 4 すぐに

問題6　次の言葉の使い方として最もよいものを、1・2・3・4から一つ選びな
　　　　さい。

1　以来

1　正月以来ずっと禁煙しています。
2　6時以来でないと、家にいません。
3　以来ヨーロッパをまわるつもりです。
4　来週以来は新しい電話番号になります。

2　畳む

1　紙を畳んで動物や植物、生活道具などの形を作る。
2　ズボンを3分の1の大きさに畳むことができる。
3　仕事の際に髪が邪魔になるので、毎日髪を畳んでいる。
4　山田(やまだ)さんは人と話すとき緊張すると腕を畳んだりする。

3　見張る

1　鋭い目つきでライバルを見張る。
2　先生は生徒の成長を見張っていた。
3　日本で一番働きたい会社になることを見張る。
4　大切な作品にいたずらをしないよう、子供を見張る。

4　こっそり

1　猫が座ってる時に頭をこっそり撫(な)でた。
2　こっそりしておいてっていう期間は人によって違うだろう。
3　こっそりお菓子を食べていたら、先生に見つかってしまった。
4　おむつを替えるために、赤ちゃんのお尻(しり)をこっそり持ち上げた。

01 음독 명사

□ 悪条件 악조건
□ 考慮 고려
□ 人造 인조

□ 圧勝 압승
□ 再調整 재조정
□ 随筆 수필

□ 印象 인상
□ 弱点 약점
□ 大工 목수

□ お会計 (음식점에서) 계산
□ じゅうたん 융단
□ 楕円 타원

□ お世辞 아첨, 겉치레의 인사
□ 終了 종료
□ 短所 단점, 결점

□ 汚染 오염
□ 主義 주의
□ 知恵 지혜

□ 改札 개찰
□ 主原料 주원료
□ 治療 치료

□ 回数券 회수권
□ 順序 순서
□ 天井 천정, 천장

□ 改善 개선
□ 障子 장지, 미닫이(문)
□ 悲劇 비극

□ 乾燥 건조
□ 上達 기능이 향상됨
□ 文化祭 문화제

□ 行列 행렬
□ 承知 알아들음, 동의
□ 並行 병행

□ 愚痴 푸념
□ 消毒 소독
□ 方角 방위, 방향

□ 血圧 혈압
□ 蒸発 증발
□ 方針 방침

□ 現政府 현 정부
□ 醤油 간장
□ 牧畜 목축

□ 交差点 교차점(로)
□ 食物 음식물
□ 容姿 용재(용모), 얼굴 모양과 몸매

02 훈독 명사

□ 足元を見る (관용어) 약점을 이용하다
□ 腕が上がる (관용어) 솜씨가 늘다
□ 判子 도장

□ あらすじ 대충의 줄거리, 개요
□ 垣根 울타리, 격의(장벽)
□ 二人連れ・ふたり連れ 2인 동행

□ 痛み 아픔
□ 地元 본고장
□ 誇り 자랑, 긍지

□ 傷み (과일 등이) 상함
□ 花嫁 신부, 새색시
□ 三日月 초승달

03 동사

□ 相次ぐ ^{あいつ} 뒤를 잇다, 이어받다

□ 味わう ^{あじ} 맛을 보다(체험하다), 감상하다(음미하다)

□ 著す ^{あらわ} 저술하다, 책을 써서 펴내다

□ 荒れる ^あ 거칠어지다(황폐해지다), (피부가) 까칠까칠해지다

□ 至る ^{いた} 이르다(도달하다), 닥치다(찾아오다)

□ 威張る ^{いば} 뽐내다, 거만하게 굴다

□ 飢える ^う 굶주리다

□ 浮かぶ ^う 뜨다(나타나다), 생각나다

□ 浮く ^う 뜨다(들뜨다), 여분이 생기다

□ 溺れる ^{おぼ} 물에 빠지다(익사하다), 탐닉하다(열중하다)

□ 偏る ^{かたよ} 기울다, 불공평하다

□ 蹴る ^け 차다, 거절하다 (※1그룹 활용)

□ 言付ける ^{ことづ} 전갈하다, 전언을 부탁하다

□ 支える ^{ささ} 떠받치다, 지탱하다(유지하다)

□ 触る ^{さわ} 손을 대다, 건드리다(만지다)

□ 耕す ^{たがや} (논밭을) 갈다, 경작하다

□ 触れる ^ふ 접촉하다(닿다), 언급하다, 저촉되다(위반되다)

□ 招く ^{まね} 불러오다(초대하다), 초래하다

□ 恵まれる ^{めぐ} 혜택을 받다(은혜를 받다), 복받다(타고나다)

□ 戻す ^{もど} (원래 자리, 상태로) 되돌리다

□ 譲る ^{ゆず} 양도하다, 물려주다

□ 呼び止める ^よ ^と 불러서 멈춰 세우다

04 가타카나

□ アプローチ 어프로치(approach), (연구의 대상에) 접근함

□ カーペット 카펫(carpet), 양탄자

□ キャリア 커리어(career), 경력, 상급 시험 합격자

□ サークル 서클(circle), 모임

□ サイクル 사이클(cycle), 주기

□ トレーニング 트레이닝(training), 훈련(연습)

□ ニュアンス 뉘앙스(nuance), 미묘한 차이

□ ピーク 피크(peak), 정상(절정)

□ ヒント 힌트(hint), 암시

□ プライド 프라이드(pride), 자부심(자존심)

□ フレッシュ 프레시(fresh), 신선함(참신함)

□ ペット 페트(pet), 애완동물

□ ベテラン 베테랑(veteran), 노련한 사람

□ マイペース 마이 페이스(my pace)

□ ムード 무드(mood), 분위기

□ リラックス 릴랙스(relax), 긴장을 풂(편안히 쉼)

1 다음 단어의 읽기 방법으로 알맞은 것을 고르세요.

1. 行列　　　（① こうれつ　　② ぎょうれつ）

2. 楕円　　　（① たえん　　　② だえん）

3. 方角　　　（① ほうかく　　② ほうがく）

4. 治療　　　（① ちりょ　　　② ちりょう）

5. 短所　　　（① たんしょ　　② たんじょ）

2 다음 단어에 해당하는 일본어 한자를 써 보세요. 모르겠으면 힌트를 보고 풀어 보세요.

6. 개찰 (かいさつ)　　＿＿＿＿＿＿＿＿＿＿＿

7. 종료 (しゅうりょう)　＿＿＿＿＿＿＿＿＿＿＿

8. 인상 (いんしょう)　　＿＿＿＿＿＿＿＿＿＿＿

9. 목축 (ぼくちく)　　　＿＿＿＿＿＿＿＿＿＿＿

10. 고려 (こうりょ)　　　＿＿＿＿＿＿＿＿＿＿＿

힌트

6	① 改札	② 改礼	③ 攻札	④ 攻礼
7	① 秋了	② 終了	③ 秋予	④ 終予
8	① 人像	② 印像	③ 印象	④ 人象
9	① 枚蓄	② 牧蓄	③ 枚畜	④ 牧畜
10	① 孝膚	② 考慮	③ 孝慮	④ 考膚

3 다음 밑줄 친 한자를 히라가나로 써 보세요.

11. 肌が<u>乾燥</u>している。 _____

12. <u>障子</u>に影が射す。 _____

13. 駅の<u>方角</u>に歩く。 _____

14. ありとあらゆる<u>知恵</u>を絞る。 _____

15. 親の愛情に<u>飢</u>えている。 _____

4 다음 괄호 안에 들어갈 단어로 알맞은 것을 고르세요.

16. 失恋の (① 痛み　② 傷み)。

17. 費用が千円 (① 浮く　② 浮かぶ)。

18. 涙が目に (① 浮く　② 浮かぶ)。

19. 勝手に (① 触らない　② 触れない) ように注意してください。

20. 偶然彼と手が (① 触って　② 触れて) ドキドキしてしまった。

✦ 정답

1 ② **2** ② **3** ② **4** ② **5** ① **6** ① **7** ② **8** ③ **9** ④ **10** ②

11 かんそう　**12** しょうじ　**13** ほうがく　**14** ちえ　**15** うえて

16 ①　**17** ①　**18** ②　**19** ①　**20** ②

✎ / 8

問題1 ＿＿＿＿の言葉の読み方として最もよいものを、１・２・３・４から一つ
選びなさい。

1 弱点のない人はいない。

　　1　にゃくてん　　　2　じゃくてん　　　3　にゃくでん　　　4　じゃくでん

2 消毒は、汚れのない状態でないと、効果を発揮することができません。

　　1　しょとく　　　　2　しょどく　　　　3　しょうとく　　　4　しょうどく

3 人造宝石は、天然宝石の50％前後の価格で取引されている。

　　1　じんぞう　　　　2　にんぞう　　　　3　じんそう　　　　4　にんそう

4 水は温度が高くなると蒸発しやすくなる。

　　1　しょうはつ　　　2　しょうばつ　　　3　じょうはつ　　　4　じょうばつ

5 年収が1000万円を超えることもある、　大工という仕事。

　　1　たいく　　　　　2　だいく　　　　　3　たいこう　　　　4　だいこう

6 ロンドンは大気汚染がひどい。

　　1　おせん　　　　　2　ごせん　　　　　3　そぜん　　　　　4　ごぜん

7 ストレスがたまると肌が荒れる。

　　1　かすれる　　　　2　すぐれる　　　　3　かれる　　　　　4　あれる

8 今夜は三日月が出ています。

　　1　みっかづき　　　2　みっかげつ　　　3　みかづき　　　　4　みかげつ

問題 2 ＿＿＿＿の言葉を漢字で書くとき、最もよいものを、1・2・3・4から一つ選びなさい。

1 結婚するはなよめはきっと幸せになるだろう。

　　1　化妻　　　　　2　化嫁　　　　　3　花妻　　　　　4　花嫁

2 彼は成果しゅぎに向いている。

　　1　注儀　　　　　2　主義　　　　　3　注義　　　　　4　主儀

3 運動中は一時的にけつあつが上がる。

　　1　血圧　　　　　2　血庄　　　　　3　皿圧　　　　　4　皿庄

4 印刷のじゅんじょを変更する。

　　1　順徐　　　　　2　巡徐　　　　　3　順序　　　　　4　巡序

5 この部屋はてんじょうが低い。

　　1　夭丼　　　　　2　天井　　　　　3　天丼　　　　　4　夭井

6 書類にはんこを押す。

　　1　判子　　　　　2　判鼓　　　　　3　版子　　　　　4　版鼓

7 この国は自然にめぐまれている。

　　1　喜まれて　　　2　幸まれて　　　3　善まれて　　　4　恵まれて

8 高齢者に席をゆずろうとしたら断られた。

　　1　嬢ろう　　　　2　攘ろう　　　　3　譲ろう　　　　4　醸ろう

✎ /8

問題3 （　　　）に入れるのに最もよいものを、1・2・3・4から一つ選びな
さい。

---

1 次の交差（　　　）を右に曲がってください。

1 道　　　　　2 点　　　　　3 地　　　　　4 通

2 ＪＲ東日本には普通回数（　　　）があります。

1 券　　　　　2 符　　　　　3 切　　　　　4 集

3 たまたま（　　　）条件が重なって、結果的には失敗してしまった。

1 苦　　　　　2 損　　　　　3 害　　　　　4 悪

4 （　　　）政府に不満を持つ。

1 当　　　　　2 近　　　　　3 現　　　　　4 直

5 スケジュールを（　　　）調整する必要があります。

1 複　　　　　2 改　　　　　3 次　　　　　4 再

6 文化（　　　）に参加することで、学校の雰囲気を知ることができます。

1 類　　　　　2 祭　　　　　3 念　　　　　4 諸

7 味噌の（　　　）原料は、100％国産品を使用しました。

1 要　　　　　2 真　　　　　3 主　　　　　4 本

8 男女の二人（　　　）を意味する「アベック」はフランス語である。

1 連れ　　　　2 伴い　　　　3 付き　　　　4 添え

問題 4 （　　　）に入れるのに最もよいものを、1・2・3・4から一つ選びな
さい。

1 食品の値上げが（　　　）生活が辛いです。

1 相次いで 　　　 2 すいすい 　　　 3 ぐんぐん 　　　 4 間もなく

2 栄養が（　　　）ように野菜を使った料理を別に注文する。

1 かたむかない 　 2 かたよらない 　 3 はぶかれない 　 4 はずされない

3 日本では、自分の（　　　）に満足していないのが普通だろう。

1 様子 　　　 2 格好 　　　 3 姿勢 　　　 4 容姿

4 学生時代の友人や家族に（　　　）をこぼす。

1 非難 　　　 2 ゆううつ 　　　 3 ぐち 　　　 4 苦情

5 今までの食生活全体を見直し、悪い点は（　　　）する。

1 変換 　　　 2 改善 　　　 3 訂正 　　　 4 整備

6 卒業するに（　　　）、やっと大学に入った目的が少し見えてきたような気が
する。

1 迫って 　　　 2 限って 　　　 3 寄って 　　　 4 至って

7 分かろうとしないという言葉には批判的な（　　　）が含まれています。

1 センス 　　　 2 アプローチ 　　　 3 ニュアンス 　　　 4 テクニック

8 仲直りするきっかけを探している二人のために、（　　　）になる映画を集め
てみた。

1 ヒント 　　　 2 ストップ 　　　 3 マイナス 　　　 4 アドバイス

✏ / 8

問題5 ＿＿＿の言葉に意味が最も近いものを、１・２・３・４から一つ選びなさい。

1 健康や環境に配慮したじゅうたんが欲しい。

1 ベンチ　　　　2 カーペット　　　3 マンション　　4 ブーツ

2 彼は腕が上がった。

1 負けた　　　　2 勝った　　　　3 自慢した　　　4 上達した

3 佐藤さんは恋におぼれている。

1 慣れている　　　　　　　　　2 悲しんでいる

3 夢中になっている　　　　　　4 離れている

4 相手の誇りを傷つけても何も感じない。

1 プライド　　　2 ストレス　　　3 スタイル　　　4 コメント

5 人生の悲哀をあじわう。

1 経験する　　　2 感想する　　　3 語る　　　　4 述べる

6 お手元に届いてから３日以内に弊社へ書類をお戻しください。

1 貸してください　　　　　　　2 借りてください

3 返してください　　　　　　　4 置いてください

7 1980年代頃の独特なムードが魅力です。

1 様子　　　　2 状況　　　　3 気持ち　　　　4 雰囲気

8 彼は私たちの要求をきっぱりとけった。

1 受け入れた　　2 断わった　　　3 認めた　　　　4 満足した

問題6 次の言葉の使い方として最もよいものを、1・2・3・4から一つ選びなさい。

1 ことづける

1 鐘を鳴らして時をことづける。

2 明日来るようにことづける。

3 私にあれこれ用事をことづける。

4 クラスメートが先生にことづける。

2 お世辞

1 心にもないお世辞を言う。

2 友人代表としてお世辞を頼まれた。

3 親切の度が過ぎてお世辞になる。

4 オンラインカジノのお世辞に入門する。

3 並行

1 並行な直線を引いてから、問題を解き始める。

2 専門知識を備えているガイドが並行してくれる。

3 彼らと話を続けても、議論は並行のままだ。

4 彼と並行して歩いている彼女を、偶然見かけた。

4 方針

1 コミュニケーション能力向上の方針とはどのようなものがあるのか。

2 台風は、進行方針に向かって右側が特に危険と言われている。

3 会社の方針に納得できないからといって、会社を辞めるわけにはいかない。

4 新年に方針を立てる、と言う習慣は日本だけでなく海外でも割と一般的だ。

01 음독 명사

- 愛着 ^{あいちゃく} 애착
- 異議 ^{いぎ} 이의, 다른 의견
- 異義 ^{いぎ} 이의, 다른 의미
- 一般性 ^{いっぱんせい} 일반성
- 運搬 ^{うんぱん} 운반
- 衛生 ^{えいせい} 위생
- 改訂版 ^{かいていばん} 개정판
- 過労 ^{かろう} 과로
- 官僚 ^{かんりょう} 관료
- 帰京 ^{ききょう} 귀경
- 貴社 ^{きしゃ} 귀사
- 喫煙 ^{きつえん} 흡연
- 基盤 ^{きばん} 기반
- 希望 ^{きぼう} 희망
- 強行 ^{きょうこう} 강행

- 教職 ^{きょうしょく} 교직
- 苦痛 ^{くつう} 고통
- 下水 ^{げすい} 하수
- 気配 ^{けはい} 기미, 낌새
- 検索 ^{けんさく} 검색
- 原書 ^{げんしょ} 원서, 양서(洋書)
- 減少 ^{げんしょう} 감소
- 講演 ^{こうえん} 강연
- 公演 ^{こうえん} 공연
- 候補 ^{こうほ} 후보
- 雑貨 ^{ざっか} 잡화
- 処理 ^{しょり} 처리
- 申告 ^{しんこく} 신고
- 新人 ^{しんじん} 신인
- 親戚 ^{しんせき} 친척

- 真相 ^{しんそう} 진상
- 診療 ^{しんりょう} 진료
- 成長期 ^{せいちょうき} 성장기
- 達人 ^{たつじん} 달인
- 断念 ^{だんねん} 단념
- 内閣制 ^{ないかくせい} 내각제
- 女房 ^{にょうぼう} 마누라, 아내
- 貿易全般 ^{ぼうえきぜんぱん} 무역 전반
- 本名 ^{ほんみょう} 본명
- 本命 ^{ほんめい} 우승 후보, 유력한 사람
- 迷信 ^{めいしん} 미신
- 名誉職 ^{めいよしょく} 명예직
- 野党 ^{やとう} 야당
- 来年度 ^{らいねんど} 내년도
- 了承 ^{りょうしょう} 양해(이해), 승낙

02 훈독 명사

- 合間 ^{あいま} 짬, 틈
- あらゆる 모든
- 薄明かり ^{うすあかり} 희미한 빛, 희미하게 밝음
- 御社 ^{おんしゃ} 귀사

- 気にくわない ^き (관용어) 마음에 들지 않다
- 心地 ^{ここち} 마음, 기분, 느낌
- 寒気 ^{さむけ} 한기
- 冬休み明け ^{ふゆやすみあ} 겨울휴가나 방학 다음 날

- 迷子 ^{まいご} 미아, 길 잃은 아이
- 祭り一色 ^{まついっしょく} 축제 일색
- ゆとり 여유
- 弱音 ^{よわね} 힘없는 소리, 약한 소리

03 동사

- 呆れる 질리다, 어이없다
- 植える 심다, 주입하다, 배양하다
- かかわり合う 서로 관련이 있다, 말려들다(연루되다)
- かじる 갉아먹다, 그저 조금을 알다 (※1그룹 활용)
- 兼ねる 겸하다, ~하기 어렵다
- 枯れる 시들다, 생기가 없어지다
- 加える 더하다, 보태다
- 越す 넘다, 건너다(넘기다)
- 超す 넘다, 초과하다
- 断わる 거절하다, 미리 양해를 얻다
- 探る 뒤지다(더듬어 찾다), 살피다, 탐구하다

- 萎む 시들다, 오그라들다(위축되다)
- 透き通る 비쳐 보이다(투명하다), 소리가 맑다
- 進む 나아가다(나아지다), (시계 등이) 빠르다
- 損なう 파손하다, 상하게 하다(해치다)
- 躊躇う 주저하다, 망설이다
- 千切る 잘라 떼다, 비틀어 뜯다 (※1그룹 활용)
- 整う・調う 정돈되다, 구비되다(갖추어지다)
- 長引く 질질 끌다, 지연되다(길어지다)
- 励む 힘쓰다, 노력하다
- 見合わせる 비교해 보다, 실행을 미루다(보류하다)
- 遣っ付ける 해치우다, 혼내 주다

04 い형용사

- 潔い 맑고 깨끗하다, 결백하다, 미련 없이 깨끗하다
- 偉い 훌륭하다, 장하다, 지위(신분)가 높다
- 清い 깨끗하다(맑다), 도덕적으로 바르다(결백하다)

- 渋い 떫다, (표정이) 떠름하다, 차분한 멋이 있다
- 堪らない 견딜 수 없다, 참을 수 없다
- 目覚ましい 눈부시다, 놀랍다

05 な형용사

- 新ただ 새롭다, 생생하다
- 巨大だ 거대하다
- 厳重だ 엄중하다
- 細やかだ 아담(조촐)하다, 사소하다(변변치 못하다)

- 粗末だ 허술하고 나쁘다(변변치 않다), 소홀히 다루다
- 軟弱だ 연약하다
- 微妙だ 미묘하다
- 余計だ 쓸데없다(불필요하다), 지나치다

1 다음 단어의 읽기 방법으로 알맞은 것을 고르세요.

1. 野党 (① やとう ② やどう)

2. 新人 (① しんにん ② しんじん)

3. 処理 (① しょり ② しょうり)

4. 御社 (① ごしゃ ② おんしゃ)

5. 迷子 (① まいこ ② まいご)

2 다음 단어에 해당하는 일본어 한자를 써 보세요. 모르겠으면 힌트를 보고 풀어 보세요.

6. 친척 (しんせき) _____

7. 공연 (こうえん) _____

8. 교직 (きょうしょく) _____

9. 미묘하다 (びみょうだ) _____

10. 시들다 (しぼむ) _____

힌트

6	① 親戚	② 親寂	③ 新寂	④ 新戚
7	① 共映	② 共演	③ 公映	④ 公演
8	① 教識	② 教職	③ 校識	④ 校職
9	① 微秒だ	② 微妙だ	③ 微妙だ	④ 秒微だ
10	① 縮む	② 枯む	③ 萎む	④ 繁る

3 다음 밑줄 친 한자를 히라가나로 써 보세요.

11. 外へ出ると<u>寒気</u>がした。 ＿＿＿＿＿＿

12. 名前は<u>本名</u>で登録してください。 ＿＿＿＿＿＿

13. 彼は次期社長の<u>本命</u>といわれている。 ＿＿＿＿＿＿

14. 人はなぜ<u>迷信</u>を信じるのか。 ＿＿＿＿＿＿

15. <u>下水</u>道が詰まって排水が流れない。 ＿＿＿＿＿＿

4 다음 괄호 안에 들어갈 단어로 알맞은 것을 고르세요.

16. 同音 (① 異義 ② 異議) 語。

17. 会議の議長が「(① 異義 ② 異議) はありませんか？」と尋ねる。

18. 2000メートルを (① 越す ② 超す) 高さ。

19. 彼の機嫌を (① 損なった ② 失った)。

20. (① 潔く ② 清く) 負けを認める。

問題 1 ＿＿＿＿の言葉の読み方として最もよいものを、１・２・３・４から一つ
選びなさい。

1 　悪天候の中で大会を<u>強行</u>する。

　　1　きょうこう　　2　きょうごう　　3　ごうこう　　4　ごうごう

2 　運動会の練習に<u>励ん</u>でいます。

　　1　うかんで　　2　のぞんで　　3　もんで　　4　はげんで

3 　本を読む人は<u>減少</u>している。

　　1　げんしょ　　2　げんしょう　　3　けんしょ　　4　けんしょう

4 　<u>女房</u>と結婚してから３０年以上一緒に暮らしている。

　　1　じょぼう　　2　じょほう　　3　にょうぼう　　4　にょうほう

5 　そのまま進むと<u>軟弱</u>な地盤とともに家が崩れてしまう。

　　1　けいじゃく　　2　なんじゃく　　3　けいやく　　4　なんやく

6 　海外の医療機関で<u>診療</u>を受けた。

　　1　ちりょ　　2　しんりょ　　3　ちりょう　　4　しんりょう

7 　誠に恐れ入りますがご<u>了承</u>ください。

　　1　りょうしゅう　　2　ろうしょう　　3　りょうしょう　　4　ろうしゅう

8 　生きた<u>心地</u>もしない。

　　1　ここち　　2　ここぢ　　3　こころち　　4　こころぢ

問題2 ＿＿＿＿の言葉を漢字で書くとき、最もよいものを、1・2・3・4から
一つ選びなさい。

1 少しずつ<u>しんそう</u>がわかってきた。

   1 真相   2 真想   3 直相   4 直想

2 まだ<u>きぼう</u>を捨てていない。

   1 稀聖   2 稀望   3 希聖   4 希望

3 道知事選<u>こうほ</u>が相次いで交通事故にみまわれる。

   1 侯捕   2 候補   3 候捕   4 侯補

4 一日に1、2食が提供されたが、<u>そまつ</u>な食事だった。

   1 組未   2 組末   3 粗末   4 粗未

5 世界的に見ても東京は本当に<u>きょだい</u>都市らしい。

   1 臣太   2 巨大   3 巨太   4 臣大

6 回答者の方には<u>ささやかな</u>プレゼントを差し上げます。

   1 細やかな   2 薄やかな   3 粗やかな   4 囁やかな

7 冷蔵庫の引越しを行う際は、中に食料を入れたまま<u>うんぱん</u>することはでき
ません。

   1 連盤   2 運盤   3 連搬   4 運搬

8 この時計は5分<u>すすん</u>でいる。

   1 早んで   2 速んで   3 進んで   4 軽んで

問題3 （　　　）に入れるのに最もよいものを、1・2・3・4から一つ選びな
さい。

1 この本の改訂（　　　）はオリジナルより良い。

1　刊　　　　　　2　版　　　　　　3　誌　　　　　　4　刷

2 （　　　）年度から軽自動車税の税率が変わります。

1　近　　　　　　2　前　　　　　　3　来　　　　　　4　隣

3 イギリスは、議院内閣（　　　）の国である。

1　制　　　　　　2　則　　　　　　3　法　　　　　　4　令

4 成長（　　　）に身長を伸ばす。

1　度　　　　　　2　間　　　　　　3　時　　　　　　4　期

5 民生委員というのは名誉（　　　）と定義されている。

1　業　　　　　　2　署　　　　　　3　職　　　　　　4　研

6 新聞のデータで得られた結果は、書き言葉としての一般（　　　）がある。

1　状　　　　　　2　性　　　　　　3　態　　　　　　4　素

7 眠る時に（　　　）明かりがいい。

1　薄　　　　　　2　弱　　　　　　3　浅　　　　　　4　軽

8 今年もいよいよ浅草の町が祭り（　　　）になる日がやってきます。

1　一面　　　　　2　一種　　　　　3　一例　　　　　4　一色

問題4 （　　　　）に入れるのに最もよいものを、1・2・3・4から一つ選びな
さい。

---

1 試合で相手チームを（　　　　）。

1　やっつける　　　2　やっていく　　　3　やってしまう　　4　やってみる

---

2 子どもは、友だちと（　　　　）育っている。

1　つりあって　　　2　ひきあって　　　3　かかわりあって 4　たちあって

---

3 精神的（　　　　）を与える。

1　多難　　　　　　2　苦痛　　　　　　3　悪意　　　　　　4　不便

---

4 日本における貿易（　　　　）についてお話できます。

1　共同　　　　　　2　共通　　　　　　3　全面　　　　　　4　全般

---

5 物流は産業を動かし生活の（　　　　）を支える。

1　基礎　　　　　　2　基地　　　　　　3　基金　　　　　　4　基盤

---

6 ボロボロの椅子があるけれど（　　　　）があってなかなか捨てられない。

1　熱意　　　　　　2　心情　　　　　　3　愛着　　　　　　4　好感

---

7 得た利益を社会に還元する（　　　　）実業家。

1　えらい　　　　　2　ずるい　　　　　3　かしこい　　　　4　すばやい

---

8 宇宙で最初の星が生まれていく様子を（　　　　）。

1　くばる　　　　　2　さぐる　　　　　3　さがす　　　　　4　もとめる

✎ / 8

問題5 ＿＿＿の言葉に意味が最も近いものを、1・2・3・4から一つ選びなさい。

1 なんとなく気にくわない。

1 嬉しくない　　2 きらいだ　　　3 食べたくない　4 静かだ

2 彼はゆとりのある暮らしをしている。

1 知恵　　　　2 活気　　　　　3 余裕　　　　4 目標

3 御社の売り上げが全く変わりません。

1 貴社　　　　2 小社　　　　　3 当社　　　　4 弊社

4 星野さんは彼女との結婚をためらっている。

1 望んでいる　　2 楽しんでいる　3 いやがっている 4 まよっている

5 あらゆる素材に印刷することができる。

1 だいたいの　　2 多くの　　　　3 ほとんどの　　4 すべての

6 開催について検討しましたが、今回は見合わせることになりました。

1 中止する　　2 相談する　　　3 実施する　　　4 変更する

7 この雰囲気が堪らない。

1 普通ではない　2 がまんできない 3 うらやましい　4 なつかしい

8 シティバンクがコイン発行を断念した。

1 のぞんだ　　　2 ことわった　　3 あきらめた　　4 きめた

問題6　次の言葉の使い方として最もよいものを、1・2・3・4から一つ選びなさい。

1 目覚ましい

1 各方面において目覚ましい活躍をしている。
2 何か動物が暴れるような目覚ましい物音がした。
3 赤と黄色は目覚ましい色で、青や緑は落ち着く色。
4 日比谷公園は新しい緑で目覚ましいほど美しい。

2 断る

1 大きなファイルのダウンロードを断るときに時間がかかります。
2 対面、もしくは電話で依頼された場合は口頭で断るのが基本です。
3 反対の意見を断る場合には、一番納得できないのは誰の意見かを考えます。
4 一時停止した出力を断るかどうかを選択するダイアログが表示されます。

3 渋い

1 水を多く入れちゃったみたいで、味が渋い。
2 最近PCの動作や動きが渋いと感じている。
3 好きな俳優が主演している渋いを観に行った。
4 安部さんの言葉に僕は「ええっ」と渋い返事をした。

4 気配

1 私は目や口のあたりに父親の気配があるとよく言われる。
2 彼女が部屋に入ってくると、その場の気配がぱっと明るくなった。
3 会議の開始時間を過ぎているのに、誰も来る気配がない。
4 駅前に高層ビルができて、7年前とは気配がすっかり変わった。

01 음독 명사

□ <ruby>圧力<rt>あつりょく</rt></ruby> 압력

□ <ruby>会釈<rt>え しゃく</rt></ruby> 가볍게 인사함

□ お<ruby>辞儀<rt>じ ぎ</rt></ruby> (머리 숙여) 절함, 사퇴

□ <ruby>解雇<rt>かい こ</rt></ruby> 해고

□ <ruby>可決<rt>か けつ</rt></ruby> 가결

□ <ruby>花瓶<rt>か びん</rt></ruby> 꽃병

□ <ruby>看病<rt>かんびょう</rt></ruby> 간병

□ <ruby>飢饉<rt>き きん</rt></ruby> 기근

□ <ruby>気象庁<rt>き しょうちょう</rt></ruby> 기상청

□ <ruby>恐怖<rt>きょう ふ</rt></ruby> 공포

□ <ruby>激増<rt>げきぞう</rt></ruby> 격증(급격하게 늘어남)

□ <ruby>原則<rt>げんそく</rt></ruby> 원칙

□ <ruby>合意<rt>ごう い</rt></ruby> 합의

□ <ruby>降水<rt>こうすい</rt></ruby> 강수

□ <ruby>洪水<rt>こうずい</rt></ruby> 홍수

□ <ruby>国債<rt>こくさい</rt></ruby> 국채

□ <ruby>個性<rt>こ せい</rt></ruby> 개성

□ <ruby>国交<rt>こっこう</rt></ruby> 국교

□ <ruby>娯楽<rt>ご らく</rt></ruby> 오락

□ <ruby>殺人<rt>さつじん</rt></ruby> 살인

□ <ruby>作動<rt>さ どう</rt></ruby> 작동

□ <ruby>周期<rt>しゅう き</rt></ruby> 주기

□ <ruby>就業<rt>しゅうぎょう</rt></ruby> 취업

□ <ruby>終日<rt>しゅうじつ</rt></ruby> 종일

□ <ruby>主催<rt>しゅさい</rt></ruby> 주최

□ <ruby>出費<rt>しゅっ ぴ</rt></ruby> 지출

□ <ruby>樹木<rt>じゅもく</rt></ruby> 수목

□ <ruby>承認<rt>しょうにん</rt></ruby> 승인

□ <ruby>初歩<rt>しょ ほ</rt></ruby> 초보

□ <ruby>人生観<rt>じんせいかん</rt></ruby> 인생관

□ <ruby>審判<rt>しんぱん</rt></ruby> 심판

□ <ruby>政党<rt>せいとう</rt></ruby> 정당

□ <ruby>西暦<rt>せいれき</rt></ruby> 서기

□ <ruby>説明不足<rt>せつめい ぶ そく</rt></ruby> 설명 부족

□ <ruby>創作<rt>そうさく</rt></ruby> 창작

□ <ruby>相場<rt>そう ば</rt></ruby> 시세

□ <ruby>地方色<rt>ち ほうしょく</rt></ruby> 지방색

□ <ruby>直面<rt>ちょくめん</rt></ruby> 직면

□ <ruby>当<rt>とう</rt></ruby>ホテル 우리(저희) 호텔

□ <ruby>当面<rt>とうめん</rt></ruby> 당면, 당분간

□ <ruby>日夜<rt>にち や</rt></ruby> 낮과 밤, (부사적으로) 밤낮으로

□ <ruby>念願<rt>ねんがん</rt></ruby> 염원

□ <ruby>不登校<rt>ふ とうこう</rt></ruby> 등교 거부

□ <ruby>役不足<rt>やく ぶ そく</rt></ruby> 능력에 비해 직책 등이 하찮음

□ <ruby>予感<rt>よ かん</rt></ruby> 예감

02 훈독 명사

□ <ruby>争<rt>あらそ</rt></ruby>い 다툼, 싸움, 분쟁

□ <ruby>怒<rt>いか</rt></ruby>り 분노, 노여움

□ <ruby>海沿<rt>うみ ぞ</rt></ruby>い 해안(해변), 바닷가

□ <ruby>仮免許<rt>かりめんきょ</rt></ruby> 가면허(임시 면허증)

□ <ruby>力不足<rt>ちから ぶ そく</rt></ruby> 역부족, 능력 등이 부족함

□ <ruby>情<rt>なさ</rt></ruby>け 정, 인정(자비)

□ <ruby>雪崩<rt>なだれ</rt></ruby> 눈사태

□ <ruby>荷<rt>に</rt></ruby>が<ruby>重<rt>おも</rt></ruby>い (관용어) 짐(책임)이 무겁다

□ <ruby>人柄<rt>ひとがら</rt></ruby> 인품

□ <ruby>真正面<rt>ま しょうめん</rt></ruby> 바로 정면

□ <ruby>虫<rt>むし</rt></ruby>の<ruby>知<rt>し</rt></ruby>らせ (관용어) (왠지 불길한) 예감

□ <ruby>余所<rt>よ そ</rt></ruby>にする (관용어) 소홀히 하다, 무시하다

03 동사

- □ 当たる 맞다, 당첨되다, 체하다(탈나다)
- □ 写る (속이) 비쳐 보이다, 찍히다
- □ 映る 비치다, (빛깔 등이) 잘 어울리다
- □ 奪う 빼앗다, (주의, 마음을) 사로잡다
- □ 占う 점치다
- □ 限る 경계(범위)를 짓다, 한정하다, ~이 제일이다
- □ 担ぐ 메다, 추대하다
- □ 適う・協う 들어맞다, 적합하다
- □ 敵う 필적하다(대적하다), 견디어 내다(참아내다)
- □ 仕上がる 마무리되다, 완성되다
- □ 足る 충분하다, 만족하다

- □ 誓う 맹세하다, 서약하다
- □ 遂げる 얻다(성취하다), 끝내다(마치다)
- □ 倣う 모방하다, 따르다
- □ 担う 메다, (책임 등을) 떠맡다(지다)
- □ 練る 반죽하다, (계획, 문장 등을) 다듬다 (※1그룹 활용)
- □ 剥がす 벗기다, (붙은 것을) 떼다
- □ 挟む 끼우다, 사이에 두다
- □ はめる (수갑을) 채우다, 속여 넘기다(걸려들게 하다)
- □ 真似る 흉내 내다, 모방하다
- □ 見掛ける 눈에 띄다, 언뜻 보다
- □ 詫びる 사죄하다, 사과하다

04 い형용사

- □ うるさい 시끄럽다, 번거롭다, 까다롭다(깐깐하다)
- □ 恋しい 그립다
- □ 狡い 교활하다, 능글맞다

- □ 鈍い 둔하다, 더디다
- □ 柔らかい 부드럽다, 유연하다, 포근하다, 온화하다
- □ 軟らかい 딱딱하지 않다, 연하다

05 な형용사

- □ 快適だ 쾌적하다
- □ 賢明だ 현명하다
- □ 爽やかだ 시원하다, 상쾌하다
- □ 主要だ 주요하다

- □ 詳細だ 상세하다
- □ 平らだ 평평하다, 평탄하다
- □ 不公平だ 불공평하다
- □ 乱暴だ 난폭하다

1 다음 단어의 읽기 방법으로 알맞은 것을 고르세요.

1. 洪水 (① こうすい　② こうずい)

2. 降水 (① こうすい　② こうずい)

3. 創作 (① そうさ　② そうさく)

4. 作動 (① さどう　② さくどう)

5. 審判 (① しんばん　② しんぱん)

2 다음 단어에 해당하는 일본어 한자를 써 보세요. 모르겠으면 힌트를 보고 풀어 보세요.

6. 정당(せいとう)　＿＿＿＿＿＿＿＿＿＿

7. 격증(げきぞう)　＿＿＿＿＿＿＿＿＿＿

8. 원칙(げんそく)　＿＿＿＿＿＿＿＿＿＿

9. 개성(こせい)　＿＿＿＿＿＿＿＿＿＿

10. 빼앗다(うばう)　＿＿＿＿＿＿＿＿＿＿

힌트			
6 ① 正堂	② 正党	③ 政党	④ 政堂
7 ① 劇贈	② 激贈	③ 劇増	④ 激増
8 ① 源側	② 原則	③ 原側	④ 源則
9 ① 個性	② 固姓	③ 個姓	④ 固性
10 ① 隻う	② 奪う	③ 維う	④ 唯う

3 다음 밑줄 친 한자를 히라가나로 써 보세요.

11. 使用者が一方的に<u>就業</u>規則を変更した。　＿＿＿＿＿＿＿

12. これはすでに<u>承認</u>されています。　＿＿＿＿＿＿＿

13. 彼は過失で<u>解雇</u>された。　＿＿＿＿＿＿＿

14. 英語では彼に<u>敵わ</u>ない。　＿＿＿＿＿＿＿

15. 真面目な<u>人柄</u>が気に入る。　＿＿＿＿＿＿＿

4 다음 괄호 안에 들어갈 단어로 알맞은 것을 고르세요.

16. 彼には係長では (① 力不足　② 役不足) だ。

17. ぺこぺこ (① 会釈　② お辞儀) をする。

18. 木村氏を会長に (① 担ぐ　② 担う) ことにした。

19. 体が (① 柔らかい　② 軟らかい)。

20. 皮膚が (① 柔らかく　② 軟らかく) なる。

✦ **정답**

1 ② **2** ① **3** ② **4** ① **5** ② **6** ③ **7** ④ **8** ② **9** ① **10** ②

11 しゅうぎょう　**12** しょうにん　**13** かいこ　**14** かなわない　**15** ひとがら

16 ② **17** ② **18** ① **19** ① **20** ②

✏ ___ / 8

問題1 _____ の言葉の読み方として最もよいものを、1・2・3・4から一つ
選びなさい。

1 お金を貯めたければ、<u>出費</u>を少なくしなければなりません。

1 しゅつひ　　　2 しゅつび　　　3 しゅっび　　　4 しゅっぴ

2 戦争にすぐ続いて<u>飢饉</u>があった。

1 ききん　　　　2 きぎん　　　　3 ぎきん　　　　4 ぎぎん

3 同じ種類の<u>樹木</u>がたくさん並んでいる。

1 しゅもく　　　2 しゅうもく　　3 じゅもく　　　4 じゅうもく

4 工事のため、<u>終日</u>通行止めとなります。

1 しゅうにち　　2 しゅうじつ　　3 しゅしち　　　4 しゅじつ

5 家賃の<u>相場</u>は地域によっても大きく変わる。

1 あいば　　　　2 そうば　　　　3 あいじょう　　4 そうじょう

6 全国大会出場を目指し、<u>日夜</u>練習に励んでいる。

1 にちよ　　　　2 じつよ　　　　3 にちや　　　　4 じつや

7 彼は日本の<u>主要</u>な音楽賞のほとんどを受賞した。

1 しゅよう　　　2 しゅうよう　　3 じゅよう　　　4 じゅうよう

8 今朝の空気は<u>爽やか</u>だった。

1 すこやか　　　2 ささやか　　　3 はなやか　　　4 さわやか

問題2 _____ の言葉を漢字で書くとき、最もよいものを、1・2・3・4から 一つ選びなさい。

1 イベントは新聞社により<u>しゅさい</u>された。

　1　朱際　　　　　2　主際　　　　　3　朱催　　　　　4　主催

2 彼女は病気の母を<u>かんびょう</u>している。

　1　看病　　　　　2　着症　　　　　3　看症　　　　　4　着病

3 大都市には多くの<u>ごらく</u>があります。

　1　呉薬　　　　　2　娯楽　　　　　3　呉楽　　　　　4　娯薬

4 来年3月から、管理システム上は<u>せいれき</u>を使うようになる。

　1　西歴　　　　　2　酉歴　　　　　3　西暦　　　　　4　酉暦

5 繰り返す運動を<u>しゅうき</u>運動という。

　1　周斯　　　　　2　週斯　　　　　3　周期　　　　　4　週期

6 ABC航空は、思ったより座席が広く、<u>かいてき</u>な旅でした。

　1　快摘　　　　　2　快適　　　　　3　快適　　　　　4　快摘

7 経験がないので、前例に<u>ならって</u>やってみた。

　1　基って　　　　2　従って　　　　3　習って　　　　4　倣って

8 彼が何か<u>ずるい</u>ことをしたに違いない。

　1　狡い　　　　　2　猶い　　　　　3　狐い　　　　　4　猾い

✎ ／8

問題3 （　　　　）に入れるのに最もよいものを、１・２・３・４から一つ選びな
さい。

1　アメリカに９か月滞在して人生（　　　　）が変わった。

　１　念　　　　　　　２　観　　　　　　　３　差　　　　　　　４　識

2　（　　　　）ホテルのサービス情報をご紹介します。

　１　実　　　　　　　２　自　　　　　　　３　当　　　　　　　４　主

3　地方（　　　　）豊かなスペインの街を巡りました。

　１　色　　　　　　　２　気　　　　　　　３　質　　　　　　　４　香

4　WTOがカナダを（　　　　）公平に扱っている。

　１　非　　　　　　　２　否　　　　　　　３　反　　　　　　　４　不

5　天気がよければ（　　　　）正面に富士山が見えます。

　１　前　　　　　　　２　実　　　　　　　３　真　　　　　　　４　本

6　海（　　　　）の家を買って、のんびり暮らしたい。

　１　付き　　　　　　２　沿い　　　　　　３　従い　　　　　　４　並び

7　（　　　　）免許は取得後から６ヶ月以内に卒業検定を受けなければなりません。

　１　仮　　　　　　　２　副　　　　　　　３　短　　　　　　　４　半

8　説明（　　　　）で情報が誤って伝わってしまった。

　１　弱点　　　　　　２　短所　　　　　　３　欠点　　　　　　４　不足

問題4 （　　　）に入れるのに最もよいものを、1・2・3・4から一つ選びな
　　　さい。

1 事故を（　　　）報告した。

　1　賢明に　　　　　2　詳細に　　　　　3　乱暴に　　　　4　快適に

2 大きな問題になる前に対策を（　　　）。

　1　練る　　　　　　2　祈る　　　　　　3　組む　　　　　4　囲む

3 社長は、会社の将来を（　　　）若者の教育に力を入れています。

　1　うしなう　　　　2　ねらう　　　　　3　になう　　　　4　からかう

4 年金制度改革法案が与党などの賛成多数で（　　　）された。

　1　選択　　　　　　2　判別　　　　　　3　投票　　　　　4　可決

5 反対意見があったが、最終的には（　　　）して終わった。

　1　適用　　　　　　2　対応　　　　　3　帰結　　　　　4　合意

6 日本は少子化（しょうしか）によって様々な問題に（　　　）している。

　1　近接　　　　　　2　直面　　　　　3　隣接　　　　　4　対面

7 この春、とうとう（　　　）の日本代表に選出された。

　1　欲望　　　　　　2　切望　　　　　3　念願　　　　　4　志願

8 困っている外国人を（　　　）声をかける勇気が出ない。

　1　見かけても　　　2　見違えても　　　3　見過ごしても　4　見合わせても

✏ / 8

問題 5 ＿＿＿の言葉に意味が最も近いものを、１・２・３・４から一つ選びなさい。

1 私も虫の知らせのようなものを体験したことがある。

1 夢を見ること　　　　　　　　2 怪我をすること

3 被害を受けること　　　　　　4 予感がすること

2 作品が仕上がったら知らせてください。

1 届いたら　　　2 完成したら　　　3 売れたら　　　4 受賞したら

3 息子に残すことを誓いました。

1 固く語りました　　　　　　　2 固く伝えました

3 固く約束しました　　　　　　4 固く命令しました

4 その点を合わせて詫びます。

1 伝えます　　　2 届けます　　　3 認めます　　　4 謝ります

5 優勝の行方をうらなう。

1 予想する　　　2 希望する　　　3 ねがう　　　4 しらべる

6 わからないことは聞いてみるに限る。

1 聞いてみてもわからない　　　　2 聞いてみるまでもない

3 聞いてみるのがもっともよい　　4 聞いてみるほうがいい

7 親の心配を余所にする。

1 感じる　　　2 気にする　　　3 思う　　　4 無視する

8 ＡＩが給与計算にとって代わることは当面ないだろう。

1 直接は　　　2 しばらくは　　　3 大して　　　4 まさか

問題6　次の言葉の使い方として最もよいものを、1・2・3・4から一つ選びな
　　　　さい。

1 遂げる

1　1年前の約束を遂げた。

2　工事は無事に遂げた。

3　2年ぶり2度目の優勝を遂げた。

4　重要な責任を遂げる地位に就いた。

2 挟む

1　今日は父と話も挟んでとても楽しかった。

2　悪天候に挟まれて、工事が出来なくなった。

3　雪が降っているので手袋を挟んで出かけた。

4　シートベルトをドアに挟まらないようにする。

3 うるさい

1　就業規則にうるさい会社の営業マンはどんどんやる気をなくす。

2　難しい仕事を任されると、「うるさい仕事で、大変だ」と言う人がいる。

3　たくさんの人に出会い、大好きになったイタリアだが、やはり故郷はうる
　　さい。

4　迷惑メールが毎日届いて、いちいち削除（さくじょ）するのがうるさい。

4 鈍（のろ）い

1　鈍（のろ）い音が聞こえてきた。

2　彼は動作が人一倍鈍（のろ）い。

3　人を傷つける鈍（のろ）い発言。

4　ナイフの切れが鈍（のろ）い。

01 음독 명사

- □ 異民族 이민족
- □ 恩恵 은혜
- □ 外貨 외화
- □ 外相 외상, 외무 장관
- □ 会談 회담
- □ 起源·起原 기원
- □ 基準 기준
- □ 規準 규준, 규범이 되는 표준
- □ 休講 휴강
- □ 苦言 고언
- □ 経歴 경력
- □ 後悔 후회
- □ 光熱費 광열비
- □ 雇用 고용
- □ 災害 재해

- □ 在庫 재고
- □ 雑草 잡초
- □ 資格 자격
- □ 自己流 자기류, 자기만의 방식
- □ 首脳 수뇌
- □ 助言 조언
- □ 進路 진로
- □ 正義 정의
- □ 税務署 세무서
- □ 装飾 장식
- □ 尊敬 존경
- □ 体調 몸의 상태, 컨디션
- □ 逮捕 체포
- □ 太陽 태양
- □ 炭鉱 탄광

- □ 茶碗 밥공기
- □ 投書欄 투서(투고)란
- □ 念頭 염두
- □ 燃料 연료
- □ 配偶者 배우자
- □ 非 (도덕적으로) 좋지 않음, 잘못
- □ 否決 부결
- □ 保険 보험
- □ 墓地 묘지
- □ 未完成 미완성
- □ 命中 명중
- □ 模様 무늬(모양), 기미
- □ 優位 우위
- □ 優先 우선
- □ 履歴 이력

02 훈독 명사

- □ お互い様 피차일반, 피장파장
- □ 勘違い 착각, 잘못 생각함
- □ 気が済む (관용어) 만족하다, 마음이 놓이다
- □ 下着類 속옷류

- □ 棚に上げる (관용어) 모른 체하고 문제삼지 않다
- □ 西日 석양
- □ 平社員 평사원
- □ 双子 쌍둥이

- □ 吹雪 눈보라
- □ 虫がいい (관용어) 뻔뻔스럽다, 얌체 같다
- □ 薬缶 주전자
- □ やり手 수완가, 일을 할 사람

03 동사

□ 揚げる 높이 올리다, 기름에 튀기다

□ 挙げる 팔을 처들다, 거행하다, 거두다

□ 薄める 엷게 하다, 묽게 하다

□ 敬う 공경하다, 존경하다

□ 乾かす 말리다

□ 着せる (옷 등을) 입히다, (책임 등을) 남에게 전가하다

□ 区切る 구분하다, 일단락을 짓다 (※1그룹 활용)

□ 避ける 피하다, 꺼리다(삼가다)

□ すれちがう 스치듯 지나가다, 엇갈리다

□ 戦う 전쟁하다, (승부를) 겨루다, (어려운 일과) 맞서다

□ 経つ (시간, 때가) 지나다, 경과하다

□ 突き当たる 맞부딪치다, 막다른 곳에 이르다

□ 溶け込む 녹아서 완전히 섞이다, 융화하다

□ 怒鳴る 고함치다, 호통치다(야단치다)

□ 捕える・捉える 붙잡다, 포착하다, 받아들이다(파악하다)

□ 覗く 엿보다, 들여다보다

□ 吐く 토하다, 내뿜다(내쉬다)

□ 張り切る 긴장하다, 힘이 넘치다 (※1그룹 활용)

□ 振る舞う・振舞う 행동하다, 대접하다

□ 干す・乾す 말리다, 남김없이 마시다

□ 満ちる・充ちる 가득하다, 완전해지다, 충족되다

□ 除ける・避ける 피하다, 옆으로 비키다

04 い형용사

□ 厚かましい 뻔뻔하다

□ 恩着せがましい (은혜를 베풀고) 생색내다

□ 酸っぱい 시다, 시큼하다

□ 力強い 마음 든든하다, 힘차다

□ 等しい 같다, 동일하다

□ みっともない 꼴불견이다, 창피하다

05 な형용사

□ 可哀相だ・可哀想だ 가엾다, 불쌍하다

□ 気の毒だ 가엾다(불쌍하다), (폐를 끼쳐) 미안스럽다

□ 強力だ 강력하다

□ 豪華だ 호화롭다

□ 低姿勢だ 저자세다

□ 的確だ・適確だ 적확하다, 정확하다, 틀림이 없다

□ 呑気だ 무사태평이다, 만사태평이다

□ 皮肉だ 빈정거리다, 얄궂다

1 다음 단어의 읽기 방법으로 알맞은 것을 고르세요.

1. 雑草　　　　（① ざつそう　　　② ざっそう）

2. 外貨　　　　（① がいか　　　　② がいが）

3. 命中　　　　（① めいじゅう　　② めいちゅう）

4. 会談　　　　（① かいたん　　　② かいだん）

5. 後悔　　　　（① ごかい　　　　② こうかい）

2 다음 단어에 해당하는 일본어 한자를 써 보세요. 모르겠으면 힌트를 보고 풀어 보세요.

6. 정의 (せいぎ)　　　_____

7. 휴강 (きゅうこう)　_____

8. 수뇌 (しゅのう)　　_____

9. 밥공기 (ちゃわん)　_____

10. 모양 (もよう)　　　_____

힌트			
6 ① 正義	② 正議	③ 正儀	④ 正犠
7 ① 体講	② 休講	③ 体構	④ 休構
8 ① 手悩	② 首悩	③ 手脳	④ 首脳
9 ① 茶腕	② 茶碗	③ 茶碗	④ 茶腕
10 ① 暮陽	② 模様	③ 模陽	④ 暮様

3 다음 밑줄 친 한자를 히라가나로 써 보세요.

11. オーナーに<u>苦言</u>を呈したことがある。 ＿＿＿＿＿＿＿

12. 収入を<u>税務署</u>で申告した。 ＿＿＿＿＿＿＿

13. 私は<u>双子</u>の妹と弟がいます。 ＿＿＿＿＿＿＿

14. 鍵の穴から天を<u>覗く</u>。 ＿＿＿＿＿＿＿

15. <u>西日</u>が差す部屋。 ＿＿＿＿＿＿＿

4 다음 괄호 안에 들어갈 단어로 알맞은 것을 고르세요.

16. (① 基準 ② 規準) は基礎となる考え方の意味になる。

17. (① 体 ② 体調) を崩す。

18. 走って来た車を (① さける ② よける)。

19. ぬれた髪を (① かわかす ② ほす)。

20. そんなに猫をいじめては (① かわいそうだ ② 気の毒だ)。

◆ 정답
1 ② 2 ① 3 ② 4 ② 5 ② 6 ① 7 ② 8 ④ 9 ③ 10 ②
11 くげん **12** ぜいむしょ **13** ふたご **14** のぞく **15** にしび
16 ① **17** ② **18** ② **19** ① **20** ①

✏ / 8

問題1 ＿＿＿＿の言葉の読み方として最もよいものを、1・2・3・4から一つ
選びなさい。

1 中村選手は日本代表でも強力な武器になる。

1 ごうりき 2 ごうりょく 3 きょうりき 4 きょうりょく

2 父はその墓地に眠っています。

1 ぼち 2 もち 3 ぼじ 4 もじ

3 買い物はＡＢＣカードで、恩恵を受けた。

1 おんげい 2 いんけい 3 おんけい 4 いんげい

4 彼は平社員の気持ちで働いている。

1 へいしゃいん 2 ひらしゃいん

3 ひょうしゃいん 4 たいらしゃいん

5 最近、バイオ燃料に関する記事が多くなった。

1 えんりょ 2 えんりょう 3 ねんりょ 4 ねんりょう

6 ＡＢＣホテルは言葉で表現できないほど豪華だった。

1 こうか 2 ごうか 3 こうが 4 ごうが

7 彼の描いた絵は物の特徴をよく捉えていて、写真のように見える。

1 とらえて 2 あつかえて 3 つかまえて 4 ととのえて

8 果物の中には酸っぱいものもある。

1 さっぱい 2 しっぱい 3 すっぱい 4 そっぱい

問題2 ＿＿＿＿の言葉を漢字で書くとき、最もよいものを、1・2・3・4から
一つ選びなさい。

1 住民投票は、ひけつされた。

   1 非決   2 比決   3 否決   4 批決

2 人類のきげんを探る旅に出る。

   1 期限   2 機嫌   3 基元   4 起源

3 私たちの生活の中でなぜほけんが必要なのか考えてみましょう。

   1 保険   2 保剣   3 保検   4 保験

4 女性のこよう問題が大きな問題となっている。

   1 顧用   2 雇用   3 顧踊   4 雇踊

5 はいぐうしゃを亡くして一人暮らしになる高齢者が増えている。

   1 配偶者   2 配遇者   3 配隅者   4 配愚者

6 彼のりれきについてはほとんど知られていない。

   1 履暦   2 覆歴   3 履歴   4 覆暦

7 家庭で天ぷらを上手にあげるのは難しい。

   1 挙げる   2 場げる   3 掲げる   4 揚げる

8 何かかんちがいしているんじゃないか。

   1 勘緯い   2 勘違い   3 感緯い   4 感違い

✏ / 8

問題3 （　　　）に入れるのに最もよいものを、1・2・3・4から一つ選びなさい。

1 ラーメン屋を開業する場合、光熱（　　　）はどれくらいになるのでしょうか。

　1　費　　　　　　2　代　　　　　　3　賃　　　　　　4　料

2 （　　　）民族の存在は三国にいかなる影響を与えたのか。

　1　離　　　　　　2　差　　　　　　3　異　　　　　　4　違

3 ミケランジェロは多くの（　　　）完成の作品を残した。

　1　不　　　　　　2　未　　　　　　3　低　　　　　　4　少

4 新聞の投書（　　　）には面白い記事がたくさんある。

　1　隣　　　　　　2　極　　　　　　3　輪　　　　　　4　欄

5 彼は自己（　　　）で仕事をして上司に怒られている。

　1　法　　　　　　2　流　　　　　　3　似　　　　　　4　類

6 A社では、下着（　　　）も回収しています。

　1　種　　　　　　2　型　　　　　　3　類　　　　　　4　属

7 あの人はなかなかのやり（　　　）だ。

　1　腕　　　　　　2　顔　　　　　　3　足　　　　　　4　手

8 謙虚な人は優しくいつも笑顔で、そして（　　　）姿勢で接してくれる。

　1　低　　　　　　2　下　　　　　　3　安　　　　　　4　少

問題4 （　　　）に入れるのに最もよいものを、1・2・3・4から一つ選びなさい。

1 （　　　）ことに戦争が数多くの有用な発明を生み出した。

1 皮肉な　　　　2 曖昧な　　　　3 哀れな　　　　4 卑怯な

2 時間を（　　　）勉強したほうが効率が上がる。

1 わけて　　　　2 しきって　　　　3 くぎって　　　　4 とおして

3 私はラッシュアワーを（　　　）ために家を早く出ました。

1 よける　　　　2 さける　　　　3 とどける　　　　4 すれちがう

4 彼の（　　　）を会社に問い合わせた。

1 由来　　　　2 経路　　　　3 従来　　　　4 経歴

5 常に（　　　）に置いているのは家族の健康のことだ。

1 念頭　　　　2 内心　　　　3 念願　　　　4 本心

6 自分が悪い時は素直に自分に（　　　）がある事を認めましょう。

1 苦　　　　2 悪　　　　3 没　　　　4 非

7 お探しの本はあいにく（　　　）がございません。

1 残留　　　　2 設置　　　　3 在庫　　　　4 所持

8 酢をドリンクとして飲む場合は、5〜10倍を目安に（　　　）。

1 分けます　　　　2 薄めます　　　　3 揃えます　　　　4 割れます

✏ / 8

問題5 ＿＿＿の言葉に意味が最も近いものを、1・2・3・4から一つ選びな
さい。

1 父と母をうやまう。

　1 孝行する　　　2 うらやむ　　　3 尊敬する　　　4 手伝う

2 おんきせがましい人は、どこの世界にもいます。

　1 恩に着せる　　2 迷惑になる　　3 遅刻する　　　4 寝坊する

3 いい年をしてみっともない。

　1 まずしい　　　2 はずかしい　　3 すてきだ　　　4 たのしい

4 現在ハワイに移住し、呑気に暮らしている。
　　　　　　　　いじゅう

　1 まじめに　　　2 いそがしく　　3 元気に　　　　4 のんびり

5 お互い様だから礼を言うには及ばない。

　1 同僚　　　　　2 同じ立場　　　3 知人関係　　　4 知り合い

6 あの人は虫がいい。

　1 しつこい　　　2 たのもしい　　3 かしこい　　　4 ずうずうしい

7 気が済んだら帰りましょう。

　1 満足したら　　2 終わったら　　3 片付いたら　　4 届いたら

8 自分のことは棚に上げて人の悪口ばかり言う。

　1 解説せずに　　2 説得せずに　　3 問題にせずに　4 説明せずに

問題 6　次の言葉の使い方として最もよいものを、1・2・3・4から一つ選びなさい。

1 どなる

1　彼は腹を立てて私にどなった。

2　彼女が助けを求めてどなるのが聞こえた。

3　患者は「この腕の痛みを何とかしてくれ」とどなった。

4　朝6時と昼12時、夕方6時の一日3回鐘がどなる。

2 ひとしい

1　彼の研究計画書は私のとひとしい。

2　娘が32歳になっても娘をひとしいと思う。

3　訪ねてきたのは昨日とひとしい人だった。

4　真実と科学者の関係は言葉と詩人の関係にひとしい。

3 気の毒

1　私の国って気の毒な国なんだ。

2　気の毒に、花が枯れているよ。

3　毎日同じ物を食べる家族が気の毒だ。

4　暇が問題じゃなくて、気の毒が問題だね。

4 優位

1　先に予約したお客様は、優位されます。

2　コスト面では優位に立っていると思います。

3　昔の私はプライベートよりも仕事優位でした。

4　今年よりも良い優位を目標にしていきたいです。

01 음독 명사

□ 悪魔 악마

□ 効率 효율

□ 破損 파손

□ 衣装 의상

□ こつ 요령

□ 半固体 반고체

□ 液体 액체

□ 再発 재발

□ 分別 분별, 지각

□ 絵の具 그림물감

□ 昨夜来 어젯밤 이후

□ 分別 분별, 종류에 따라 나눔

□ 円周 원주

□ 市場 시장, 수요와 공급의 교환 관계

□ 文脈 문맥

□ 煙突 굴뚝

□ 実情 실정(실제의 사정)

□ 返答 대답, 응답

□ 応答 응답

□ 謝罪 사죄

□ 放置 방치

□ 回転 회전

□ 瞬発力 순발력

□ 防犯 방범

□ 回答 회답

□ 人材 인재

□ 牧場 목장

□ 活躍 활약

□ 成否 성공 여부, 성패

□ 無理解 몰이해, 도리를 모름

□ 吸収 흡수

□ 当社 당사, 이(우리) 회사

□ 油断 방심, 부주의

□ 曲線 곡선

□ 盗難 도난

□ 予期 예기

□ 緊迫 긴박

□ 特集 특집

□ 流出 유출

□ 口調 어조, 말투

□ 入賞 입상

□ 零点 영점, 빙점

□ 攻撃 공격

□ 背景 배경

□ 歴史上 역사상

02 훈독 명사

□ 憧れ 동경

□ お供 모시고 따라감(사람)

□ 津波 해일

□ 泉 샘(샘물), 원천

□ 塊 덩어리, 집단

□ 冬将軍 동장군, 몹시 추운 겨울

□ 市場 시장

□ 建前 (표면상의) 방침, 원칙

□ 本音 본심

□ 受け持ち 담당, 담임

□ 疲れ気味 피곤한 기색

□ 元首相 전 수상

03 동사

□ 遭う 우연히 만나다, 겪다, 당하다

□ あぶる (불에 쬐어) 굽다, 말리다

□ うなる 끙끙거리다, 으르렁거리다

□ 恨む 원망하다, 원한을 품다

□ 描く 그리다, 묘사하다

□ 教わる 배우다, 가르침을 받다

□ 係わる・関わる 관계되다, 상관하다

□ 組み立てる 조립하다, 구성하다

□ 縛る 묶다(매다), 속박하다

□ ずれる 어긋나다, 벗어나다

□ 背負う 등에 메다(업다), (괴로운 일, 책임을) 떠맡다

□ 攻める 공격하다

□ 溶ける・解ける 녹다, 풀어지다

□ 匂う (좋은) 냄새가 나다(향기가 나다)

□ 臭う 악취가 나다, (범죄의) 낌새가 풍기다

□ 外れる 풀어지다, 빗나가다, 제외되다(누락되다)

□ 離す 풀다(놓다), 떼다

□ 放す 놓다, 풀어놓다(놓아주다)

□ 見失う 보고 있던 것을 시야에서 놓치다, 잃다

□ 認める 인지하다, 인정하다

□ 実る 열매를 맺다, 노력의 보람이 나타나다

□ 求める 구하다(바라다), 요구하다

04 부사

□ 飽くまで 어디까지나, 끝까지

□ 意外 의외, 뜻밖, 생각 밖

□ いずれ 결국은(어차피), 머지않아(일간)

□ 却って 도리어, 오히려, 반대로

□ 精々 힘껏 노력하여(힘 있는 한), 기껏 해서(고작)

□ 折角 모처럼, 일부러, 애써서

□ せっせと 열심히, 부지런히

□ たった 겨우, 단지(다만)

□ にわか(に) 돌연히, 갑자기

□ 残らず 남김없이, 전부(모두)

□ のろのろ 느릿느릿, 꾸물꾸물

□ 独りでに 저절로(자연히), 혼자서

□ 寧ろ 차라리, 오히려

□ めっきり 뚜렷이, 현저히

□ 滅多に (부정어와 함께) 거의, 좀처럼

□ 元々 원래, 본디부터

1 다음 단어의 읽기 방법으로 알맞은 것을 고르세요.

1. 牧場 　　（① もくじょう　　② ぼくじょう）

2. 再発 　　（① さいはつ　　② さいばつ）

3. 衣装 　　（① いそう　　② いしょう）

4. 口調 　　（① くちょう　　② こうちょう）

5. 円周 　　（① えんしゅ　　② えんしゅう）

2 다음 단어에 해당하는 일본어 한자를 써 보세요. 모르겠으면 힌트를 보고 풀어 보세요.

6. 도난 (とうなん)　　_____

7. 굴뚝 (えんとつ)　　_____

8. 묶다 (しばる)　　_____

9. 해일 (つなみ)　　_____

10. 입상 (にゅうしょう)　　_____

힌트

6	① 灯難	② 盗難	③ 灯雑	④ 盗雑
7	① 煙突	② 煙究	③ 湮究	④ 湮突
8	① 痺る	② 絞る	③ 萎る	④ 縛る
9	① 津彼	② 律彼	③ 津波	④ 律波
10	① 人賞	② 入賞	③ 入償	④ 人償

3 다음 밑줄 친 한자를 히라가나로 써 보세요.

11. 駅までお<u>供</u>します。 _____

12. この青物<u>市場</u>にはトマトが大きい。 _____

13. 金融<u>市場</u>に関連するニュース。 _____

14. <u>分別</u>のある人。 _____

15. ゴミを<u>分別</u>して捨てる。 _____

4 다음 괄호 안에 들어갈 단어로 알맞은 것을 고르세요.

16. 「はい」と (① 応答 ② 回答) する。

17. アンケートに (① 応答 ② 回答) する。

18. 天気予報が (① ずれる ② 外れる)。

19. ごみが (① 臭う ② 匂う)。

20. 結果は (① 意外 ② 案外) ではない。

◆ **정답**

1 ② **2** ① **3** ② **4** ① **5** ② **6** ② **7** ① **8** ④ **9** ③ **10** ②
11 とも **12** いちば **13** しじょう **14** ふんべつ **15** ぶんべつ **16** ① **17** ② **18** ② **19** ① **20** ①

✏ / 8

問題1 ＿＿＿＿の言葉の読み方として最もよいものを、1・2・3・4から一つ選びなさい。

1 経営の効率をあげる。

1　こうりつ　　　2　こうそつ　　　3　きょうりつ　　　4　きょうそつ

2 世界でビジネスができる人材を探している。

1　にんさい　　　2　にんざい　　　3　じんさい　　　4　じんざい

3 駐車場がひどく破損していた。

1　はいん　　　2　はそん　　　3　ひいん　　　4　ひそん

4 戦争を予期して準備している。

1　ようき　　　2　ようぎ　　　3　よき　　　4　よぎ

5 文脈によって判断する。

1　もんもく　　　2　ぶんもく　　　3　もんみゃく　　　4　ぶんみゃく

6 両国の関係はいよいよ緊迫してきている。

1　ぎんぱく　　　2　ぎんばく　　　3　きんぱく　　　4　きんばく

7 この布は水をよく吸収する。

1　きゅしゅう　　　2　きゅうしゅう　　　3　きゅしゅ　　　4　きゅうしゅ

8 一緒に会社を始めた親友を恨んでいる。

1　うらんで　　　2　ねたんで　　　3　こばんで　　　4　このんで

問題2 ＿＿＿＿の言葉を漢字で書くとき、最もよいものを、1・2・3・4から一つ選びなさい。

1 家庭用の<u>ぼうはん</u>カメラはネットで販売している。

　　1　阪氾　　　　2　防氾　　　　3　阪犯　　　　4　防犯

2 オリンピックは子どもたちの<u>あこがれ</u>のイベントになる。

　　1　憧れ　　　　2　鐘れ　　　　3　瞳れ　　　　4　童れ

3 彼は父親として<u>れいてん</u>だった。

　　1　零占　　　　2　澪点　　　　3　零点　　　　4　澪占

4 この計画の<u>せいひ</u>は天候次第だ。

　　1　盛非　　　　2　成否　　　　3　盛否　　　　4　成非

5 台風で大変な被害に<u>あった</u>。

　　1　遭った　　　2　逢った　　　3　遇った　　　4　合った

6 月は地球の周りを<u>かいてん</u>する。

　　1　開店　　　　2　回天　　　　3　開展　　　　4　回転

7 図書館は、誰もが楽しめるオアシスであり、知識の<u>いずみ</u>である。

　　1　涼　　　　　2　楝　　　　　3　泉　　　　　4　線

8 若い教師の生活を<u>えがいた</u>作品。

　　1　苗いた　　　2　描いた　　　3　猫いた　　　4　錨いた

✎ / 8

問題3 （　　　）に入れるのに最もよいものを、1・2・3・4から一つ選びな
さい。

1 そこは歴史（　　　）の場所と観光地がいっぱいです。

　1　面　　　　　　　2　上　　　　　　　3　内　　　　　　　4　側

2 佐藤栄作（さとうえいさく）（　　　）首相がアジアで初のノーベル平和賞を受賞した。

　1　原　　　　　　　2　素　　　　　　　3　元　　　　　　　4　根

3 （　　　）将軍（しょうぐん）がやってきた。

　1　春　　　　　　　2　夏　　　　　　　3　秋　　　　　　　4　冬

4 昨夜（　　　）の雨も上がり、いい天気になった。

　1　来　　　　　　　2　次　　　　　　　3　近　　　　　　　4　越

5 この原料は加熱すると、（　　　）固体の状態になります。

　1　中　　　　　　　2　弱　　　　　　　3　半　　　　　　　4　低

6 彼は上司の（　　　）理解に苦しんでいる。

　1　否　　　　　　　2　無　　　　　　　3　反　　　　　　　4　放

7 どのスポーツにおいても「瞬発（　　　）」は外せない能力です。

　1　気　　　　　　　2　能　　　　　　　3　考　　　　　　　4　力

8 日本人の4人に3人は疲れ（　　　）という調査結果があります。

　1　気味　　　　　　2　向き　　　　　　3　寄り　　　　　　4　具合

問題4 （　　　）に入れるのに最もよいものを、1・2・3・4から一つ選びな
　　　さい。

1 教習所で（　　　）通りの運転をする。

　1 おそわった　　　2 つかった　　　　3 つたえた　　　4 おしえた

2 ＡＢＣ公園では、犬を（　　　）走らせたり遊ばせたりする事ができる。

　1 とおして　　　　2 つれて　　　　　3 はなして　　　4 もとめて

3 新しく靴を買ったけど、ちょっと歩くだけですぐ紐が（　　　）しまう。

　1 かえて　　　　　2 むすんで　　　　3 はずんで　　　4 とけて

4 地域の（　　　）を政府に訴える。

　1 実況_{じっきょう}　　　　2 実情_{じつじょう}　　　　3 実権_{じっけん}　　　4 実在_{じつざい}

5 「何でもいいよ」と言ったけど、（　　　）で言えば、品物よりも現金の方がいい。

　1 本気　　　　　　2 本音　　　　　　3 弱気　　　　4 弱音

6 今年のアメリカ景気は好調な個人消費を（　　　）に拡大している。

　1 基礎　　　　　　2 発見　　　　　　3 規模　　　　4 背景

7 個人情報の（　　　）があちこちで起こって問題になった。

　1 展開　　　　　　2 開発　　　　　　3 流出　　　　4 転向

8 交通が混雑していたので（　　　）運転をしなければならなかった。

　1 のろのろ　　　　2 のんびり　　　　3 ぐっすり　　　4 ぐるぐる

✏ / 8

問題5 _____の言葉に意味が最も近いものを、1・2・3・4から一つ選びなさい。

1 残らず食べちゃった。

1 すべて　　　　2 ほとんど　　　　3 たくさん　　　　4 ほぼ

2 佐藤さんは信用できるたった一人の人です。

1 さすが　　　　2 ごく　　　　　　3 ほんの　　　　　4 けっして

3 東京オリンピックのゴルフの会場が、にわかに変化するかもしれない。

1 さっそく　　　2 ずいぶん　　　　3 さらに　　　　　4 突然

4 100万部売れた作品だって、日本の人口全体ではせいぜい100人に1人が読んだに過ぎない。

1 すでに　　　　2 多くても　　　　3 たぶん　　　　　4 少なくとも

5 雨が降れば傘をさす、そのような素直で自然なものが、商売のコツである。

1 機会　　　　　2 契機　　　　　　3 要所　　　　　　4 要領

6 若かった頃、友人に騙されて借金を背負ってしまった。

1 引き受けて　　2 もらって　　　　3 借りて　　　　　4 貸して

7 会計は彼の受け持ちだ。

1 責任だ　　　　2 担当だ　　　　　3 職業だ　　　　　4 作業だ

8 この地方では雪はめったに降らない。

1 全然　　　　　2 少しも　　　　　3 ほとんど　　　　4 たまに

問題6 次の言葉の使い方として最もよいものを、1・2・3・4から一つ選びな
さい。

1 見失う

1 重要な資料に誤りがあるのを見失っていた。
2 犯人の自動車を追いかけたが、見失ってしまった。
3 その問題を黙って見失うわけにはいかない。
4 以前から見たいと思っていた映画を見失ってしまった。

2 意外

1 日々の買い物は意外大きな負担になることがある。
2 この店はパスタ意外にも美味しい料理がある。
3 遊んでばかりいたので、意外大学の試験は不合格だった。
4 大変な事態なのに、意外におだやかな顔つきで安心した。

3 かえって

1 彼女は歌手というよりかえって女優である。
2 その小説家は10代の若者の間でかえって人気がある。
3 薬飲んだら、かえって風邪がひどくなってきた。
4 かえって苦労をかけていると思うが、いつもありがとう。

4 めっきり

1 友達はみんな結婚して子供もいて最近めっきり会わなくなった。
2 自分がめっきり使わない言葉を教える時、不安になる。
3 10年近くも英語を勉強したにも関わらず、挨拶すらめっきりできない。
4 北海道を訪ねることはめっきりないので、仕事のあと、温泉に行くことに
した。

01 음독 명사

- 意向 의향
- 広告 광고
- 天然 천연
- 移行 이행
- 克服 극복
- 天皇 천황
- 意識下 의식하
- 最善 최선
- 必需品 필수품
- 演習 연습 (※훈련의 의미도 있음)
- 支給 지급
- 標準 표준
- 遠足 소풍
- 刺激 자극
- 疲労 피로
- 応援 응원
- 社説欄 사설란
- 貧困層 빈곤층
- 外資系 외국계
- 情景 정경, 광경
- 不評 불평, 평판이 나쁨(악평)
- 活力 활력
- 昇進 승진
- 文句 문구, 불만, 트집
- 監督 감독
- 雑巾 걸레
- 問答 문답, 말다툼(논쟁)
- 記載 기재
- 増減 증감
- 役所 관청, 관공서
- 共存・共存 공존
- 体系 체계
- 浴室 욕실
- 禁物 금물
- 地域 지역
- 楽観 낙관
- 空間 공간
- 超音速 초음속
- 理解力 이해력
- 検事 검사
- 貯蔵 저장
- 離婚率 이혼율
- 好意 호의
- 直角 직각
- 旅券 여권

02 훈독 명사

- 明け方 새벽녘, 새벽 때
- 同い年 동갑
- 身ぶり手ぶり 몸짓 손짓
- 打ち合わせ・打合わせ 협의
- 暦 달력
- 夕方 해 질 녘, 저녁때
- 売れ行き・売行き 팔림새
- 在庫切れ 재고 품절
- 夕暮れ 해 질 녘, 황혼
- お手上げ 어쩔 도리가 없음, 항복
- ぼろ 넝마, 결점(허술한 데)
- 夜明け 새벽, 새 시대의 시작

03 동사

疑う 의심하다, (나쁜 쪽으로) 혐의를 두다

訴える 호소하다, 소송하다

羨む 부러워하다

恐れる 두려워하다, 우려하다(걱정하다)

及ぼす (피해, 영향 등을) 미치게 하다, 끼치다

構う 상관하다, 관계하다

食う・喰う 먹다, 생활하다, (바람직하지 않은 일을) 당하다

崩れる 무너지다, 날씨가 나빠지다

組む 끼다(꼬다), 조직하다(짜다)

優れる・勝れる 뛰어나다, 우수하다

頼る 의지하다, 믿다

尽くす 다하다, 애쓰다(진력하다)

取り上げる 빼앗다, (신청, 의견 등을) 받아들이다

取り入れる 안에 넣다, 받아들이다(도입하다)

馴れる 친숙해지다, 따르다

逃がす (이미 잡혀 있는 것을) 놓치다, 놓아주다

逃す (잡으려 했지만) 놓쳐 버리다, ~하지 못하고 말다

逃れる 달아나다(도망치다), 면하다(벗어나다)

塞がる 막히다, 닫히다, 이미 차 있어 여유가 없다

見落とす・見落す 간과하다, 못 보고 넘기다

見過ごす・見過す 보고도 그냥 두다, 못 본 체하다

見逃す 못 보고 빠뜨리다(놓치다), 묵인하다(눈감아 주다)

04 가타카나

イメージ 이미지(image), 영상

エネルギー 에너지(energie), 힘, 활력

エレガント 엘리건트(elegant), 우아함(고상함)

カレンダー 캘린더(calendar), 달력

コマーシャル 커머셜(commercial), 방송 광고

システム 시스템(system), 조직(체계), 방법(방식)

ゼミ 「ゼミナール」의 준말, 세미나(seminar)

パスポート 패스포트(passport), 여권

ピクニック 피크닉(picnic), 소풍

ベスト 베스트(best)

マーケット 마켓(market), 시장

マスコミ 매스컴

マナー 매너(manner), 예의범절

マネージャー 매니저(manager), 지배인, 감독

メッセージ 메시지(message), 전언

メニュー 메뉴(menu), 식단

1 다음 단어의 읽기 방법으로 알맞은 것을 고르세요.

1. 禁物   (① きんぶつ   ② きんもつ)

2. 問答   (① もんとう   ② もんどう)

3. 克服   (① きょくふく   ② こくふく)

4. 天然   (① てんえん   ② てんねん)

5. 役所   (① やくしょ   ② やくじょ)

2 다음 단어에 해당하는 일본어 한자를 써 보세요. 모르겠으면 힌트를 보고 풀어 보세요.

6. 피로 (ひろう)   _____

7. 욕실 (よくしつ)   _____

8. 천황 (てんのう)   _____

9. 기재 (きさい)   _____

10. 의지하다 (たよる)   _____

힌트

6	① 彼労	② 疲労	③ 披労	④ 被労
7	① 浴室	② 浴至	③ 溶至	④ 溶室
8	① 夫皇	② 天惶	③ 夫惶	④ 天皇
9	① 記再	② 起載	③ 記載	④ 起再
10	① 依る	② 寄る	③ 偏る	④ 頼る

3 다음 밑줄 친 한자를 히라가나로 써 보세요.

11. 売り上げは月によって<u>増減</u>がある。 ＿＿＿＿＿＿＿＿

12. 田舎では車は<u>必需品</u>だ。 ＿＿＿＿＿＿＿＿

13. 私たちは彼を大きな声で<u>応援</u>した。 ＿＿＿＿＿＿＿＿

14. <u>夕方</u>になると彼はいつも散歩に出掛けた。 ＿＿＿＿＿＿＿＿

15. <u>食う</u>に困らないだけの収入がある。 ＿＿＿＿＿＿＿＿

4 다음 괄호 안에 들어갈 단어로 알맞은 것을 고르세요.

16. 契約を更新する (① 移行　② 意向) はない。

17. 自分のセルフ (① イメージ　② メッセージ) を高める。

18. 新しい科学文明の (① 明け方　② 夜明け) が来た。

19. 先生は生徒の漫画の本を (① 取り上げた　② 取り入れた)。

20. (① にがした　② のがした) 魚は大きい。

◆ **정답**

1 ② **2** ② **3** ② **4** ② **5** ① **6** ② **7** ① **8** ④ **9** ③ **10** ④

11 そうげん **12** ひつじゅひん **13** おうえん **14** ゆうがた **15** くう

16 ② **17** ① **18** ② **19** ① **20** ①

✏ / 8

問題1 ＿＿＿＿の言葉の読み方として最もよいものを、1・2・3・4から一つ
選びなさい。

1 試験の監督を頼まれた。

  1 かんとく   2 がんとく   3 かんどく   4 がんどく

2 彼は将来を楽観している。

  1 がくかん   2 らくかん   3 がっかん   4 らっかん

3 子どものころは、雑巾は手作りが当然でした。

  1 ざっきん   2 ざっぎん   3 ぞうきん   4 ぞうぎん

4 貧しい子供たちに食物と衣服を支給した。

  1 しきゅ   2 しきゅう   3 じきゅ   4 じきゅう

5 文化的な特徴により区分された地域。

  1 ちえき   2 ちいき   3 じえき   4 じいき

6 職場で昇進したら部下や同僚にご馳走しなければならない。

  1 しょうしん   2 しょうじん   3 じょうしん   4 じょうじん

7 二つの線は直角を成している。

  1 じきかく   2 じきがく   3 ちょっかく   4 ちょっがく

8 責任を逃れるため嘘の報告書を書いた。

  1 はなれる   2 はずれる   3 それる   4 のがれる

問題2 ＿＿＿＿の言葉を漢字で書くとき、最もよいものを、1・2・3・4から
一つ選びなさい。

1 彼女は女優として<u>ふひょう</u>になった。

　1　不評　　　　　　2　不平　　　　　　3　否評　　　　　　4　否平

2 この苦手さえ<u>こくふく</u>できれば楽になる。

　1　克複　　　　　　2　克腹　　　　　　3　克服　　　　　　4　克復

3 彼は<u>けんじ</u>をやめて弁護士になった。

　1　倹辞　　　　　　2　検事　　　　　　3　検辞　　　　　　4　倹事

4 彼らはようやく<u>きょうそん</u>することを学んだ。

　1　供在　　　　　　2　共在　　　　　　3　供存　　　　　　4　共存

5 ワインが食欲を<u>しげき</u>した。

　1　刺劇　　　　　　2　束激　　　　　　3　刺激　　　　　　4　束劇

6 <u>ゆうぐれ</u>時になると子供たちは帰って行った。

　1　夕募れ　　　　　2　夕墓れ　　　　　3　夕幕れ　　　　　4　夕暮れ

7 2時は<u>ふさがって</u>いますが4時には空きます。

　1　塞がって　　　　2　防がって　　　　3　閉がって　　　　4　満がって

8 費用が掛かっても<u>かまわない</u>。

　1　講わない　　　　2　構わない　　　　3　購わない　　　　4　溝わない

✏ ／8

問題3 （　　　　）に入れるのに最もよいものを、1・2・3・4から一つ選びなさい。

1 彼は古典の理解（　　　　）に欠けている。

 1 能　　　　　 2 力　　　　　 3 気　　　　　 4 考

2 世界的に見ると日本の離婚（　　　　）は高い。

 1 比　　　　　 2 割　　　　　 3 率　　　　　 4 倍

3 私たちは新聞の社説（　　　　）を読んで、内容について討論をした。

 1 論　　　　　 2 閲　　　　　 3 覧　　　　　 4 欄

4 ロシアは（　　　　）音速ミサイルの発射実験に成功したと発表した。

 1 超　　　　　 2 激　　　　　 3 初　　　　　 4 真

5 外資（　　　　）企業の特徴について知りたい。

 1 組　　　　　 2 圏　　　　　 3 系　　　　　 4 勢

6 研究テーマは「意識（　　　　）で手術を受ける患者の心理状態」である。

 1 下　　　　　 2 属　　　　　 3 付　　　　　 4 限

7 貧困（　　　　）が多い地域に住むと肥満のリスクが増大する。

 1 差　　　　　 2 率　　　　　 3 比　　　　　 4 層

8 こちらの商品はただいま在庫（　　　　）となっております。

 1 折れ　　　　 2 切れ　　　　 3 終え　　　　 4 越え

問題4 （　　　）に入れるのに最もよいものを、1・2・3・4から一つ選びなさい。

1 世界の（　　　）状況についてお伝えします。

1 キャプテン　　　2 マーケット　　　3 ロマンチック　　4 スケジュール

2 どの企業にも、企業（　　　）というものがあると思います。

1 スタイル　　　　2 パターン　　　　3 イメージ　　　　4 タイトル

3 身ぶり（　　　）ぶりでテレビを操作できる。

1 手　　　　　　　2 足　　　　　　　3 腕　　　　　　　4 頭

4 彼はいつもあれこれと（　　　）をつける。

1 苦情　　　　　　2 問題　　　　　　3 不満　　　　　　4 文句

5 小学校周辺において、消防（　　　）が行われました。

1 練習　　　　　　2 演習　　　　　　3 実習　　　　　　4 学習

6 階段下の（　　　）を使わないなんてもったいない。

1 空間　　　　　　2 空席　　　　　　3 空想　　　　　　4 空中

7 たばこは健康に悪い影響を（　　　）。

1 疑う　　　　　　2 訴える　　　　　3 恐れる　　　　　4 及ぼす

8 自分が約束したことはちゃんと実行するように最善を（　　　）べきだ。

1 果たす　　　　　2 決める　　　　　3 尽くす　　　　　4 馴れる

✏ ／8

問題5 ＿＿＿の言葉に意味が最も近いものを、１・２・３・４から一つ選びなさい。

1 印象に残る面白いコマーシャル。

 1 演劇
  えんげき
  2 講演
  こうえん
  3 広告
  こうこく
  4 公演
  こうえん

	1 演劇	2 講演	3 広告	4 公演

2 お弁当を持ってピクニックに行こう。

	1 遠足	2 遊び	3 運動会	4 遊園地

3 入会のシステムを説明する。

	1 準備	2 方法	3 機械	4 要領

4 暦の上ではもう夏だ。

	1 スケジュール	2 ポスター	3 ファッション	4 カレンダー

5 売れ行きが悪い。

	1 売り場	2 売り上げ	3 売る季節	4 売る時間

6 余りしゃべるとぼろが出る。

	1 欠点	2 癖	3 秘密	4 習慣

7 彼女はエレガントなパーティードレスを着ている。

	1 地味な	2 活動的な	3 上品な	4 個性的な

8 彼はいつも活力にあふれている。

	1 レジャー	2 ファイト	3 カロリー	4 エネルギー

問題6　次の言葉の使い方として最もよいものを、１・２・３・４から一つ選びな
さい。

1　同い年

1　私の同い年が結婚する事になった。

2　彼女は同い年の割には、若く見えない。

3　同い年でも先輩なら敬語で話すべきだ。

4　同い年が明けてからあっという間に１ヶ月が経った。

2　マナー

1　年に２回贈り物をするのがこの辺のマナーである。

2　昔よりマナーが悪い人が増えたと感じている。

3　日常生活においてマナー正しい人は高く評価される。

4　店によっては、店頭の看板でマナーを表示している。

3　情景

1　曲を聴くとその物語の情景が浮かぶ感じがする。

2　窓から美しい情景を眺めながら昼食を食べた。

3　目の前にマンションができて情景が悪くなった。

4　この映画で一番印象に残るのは、やはりラスト情景。

4　見落とす

1　人が困っているのを見落とすわけにはいかない。

2　ホテルの窓から湖を見落とすことができる。

3　それについて多少のミスは見落として欲しい。

4　広告メールなどで大事なメールを見落としてしまった。

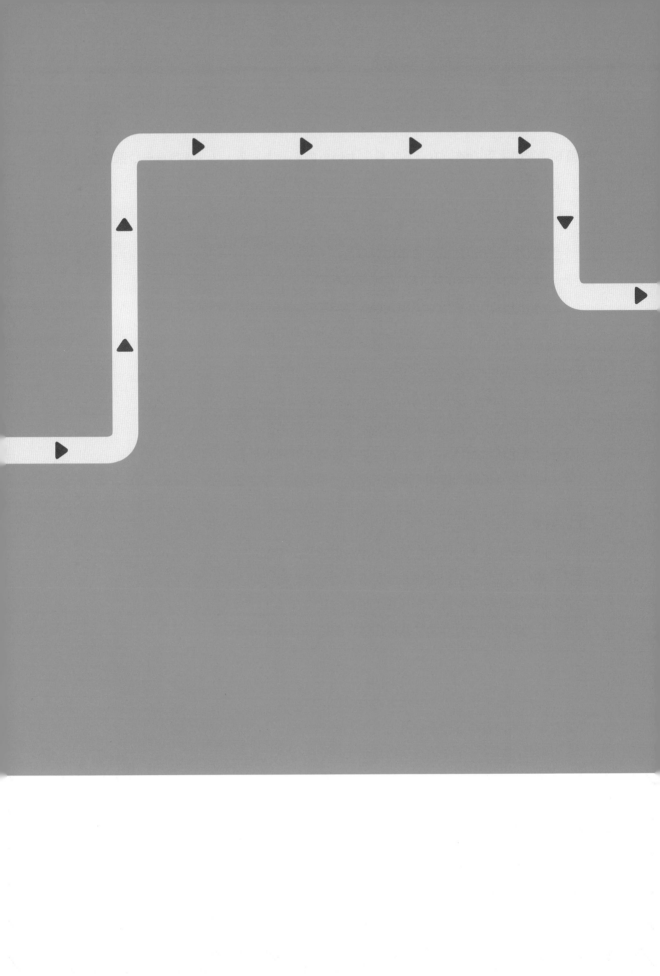

PART 4

〈PART 4 실전 공략〉에서는 일본어 능력시험(JLPT) N2 문자·어휘 문제로 구성된 모의고사 5회분을 풀어봅니다. 실제로 시험을 보는 것처럼 시간을 정해 두고 문제를 풀어보세요. 문제를 다 푸는 데 걸린 시간과 정답의 개수를 기록하면서 시험을 보기 전 마지막으로 실력을 점검합니다.

問題1 ＿＿＿＿の言葉の読み方として最もよいものを、１・２・３・４から一つ
選びなさい。

1 彼女は周囲に活発な印象を与える女性だ。

  1 かつはつ   2 かっぱつ   3 かつばつ   4 かっばつ

2 ガラスをレーザーで彫刻加工する。

  1 ちょこく   2 ちょかく   3 ちょうこく   4 ちょうかく

3 組織の歯車に過ぎない。

  1 しくるま   2 しぐるま   3 はくるま   4 はぐるま

4 話がわき道に逸れる。

  1 それる   2 のがれる   3 たとえる   4 まぬかれる

5 早く帰るよう伝言を頼む。

  1 てんげん   2 でんげん   3 てんごん   4 でんごん

問題2 _____の言葉を漢字で書くとき、最もよいものを、1・2・3・4から
一つ選びなさい。

6 パソコンの内部こうぞうを調べる。

1 構成 2 構築 3 構造 4 構想

7 強い信頼関係をきずくことができた。

1 築く 2 積く 3 財く 4 産く

8 夢中になってさいほうしていると、すぐに時間が経ってしまう。

1 栽逢 2 裁逢 3 栽縫 4 裁縫

9 話し合いはなごやかに進んだ。

1 穏やか 2 和やか 3 賑やか 4 鮮やか

10 彼は基本をてっていする傾向がある。

1 徹底 2 徹抵 3 撤底 4 撤抵

問題3 （　　　）に入れるのに最もよいものを、１・２・３・４から一つ選びな
さい。

11 丸の内駅周辺は完全なビジネス（　　　）になっている。

1 帯　　　　　　2 街　　　　　　3 界　　　　　　4 町

12 このツールは、各ページごとにリンク（　　　）をチェックする無料ツールです。

1 越え　　　　　2 折れ　　　　　3 終え　　　　　4 切れ

13 外が（　　　）明るくなったので山に登ることになりました。

1 薄　　　　　　2 浅　　　　　　3 弱　　　　　　4 軽

問題4 （　　　　）に入れるのに最もよいものを、1・2・3・4から一つ選びな
さい。

14 海岸へ続く道は狭く（　　　　）ので注意が必要です。

1　ゆるい　　　　　2　するどい　　　　3　にぶい　　　　4　けわしい

15 （　　　　）は1〜2回が多いが、5回もやり続けるライブもある。

1　アンコール　　　2　キャンセル　　　3　アピール　　　4　アルコール

16 労働（　　　　）は働く人の権利を守る組織です。

1　組立　　　　　　2　協会　　　　　　3　組合　　　　　4　協同

17 電車の中で居眠りなんかしたら（　　　　）しやすい。

1　乗り出し　　　　2　乗り越し　　　　3　乗り遅れ　　　4　乗り込み

18 地球温暖化による海面の上昇で都市が（　　　　）。

1　沈む　　　　　　2　溜まる　　　　　3　湿気る　　　　4　突っ込む

19 経済的にもっと（　　　　）なりたい。

1　みじめに　　　　2　やわらかに　　　3　みごとに　　　4　ゆたかに

20 一部の乗車券は自動（　　　　）機をご使用になれません。

1　清算　　　　　　2　決済　　　　　　3　精算　　　　　4　決算

問題5 ＿＿＿＿の言葉に意味が最も近いものを、１・２・３・４から一つ選びなさい。

21 犯罪の容疑を否認する。

   1　認めない　　　　2　確かめない　　　3　否めない　　　　4　確認しない

22 職場での人手が足りなければ当然休めません。

   1　人数　　　　　　2　働く人　　　　　3　他人　　　　　　4　器用な人

23 高校回りやオープンキャンパス、入試の準備も受け持っている。

   1　検討して　　　　2　確認して　　　　3　説明して　　　　4　担当して

24 記憶のなかで妙に鮮明に覚えている。

   1　ぼんやり　　　　2　わずかに　　　　3　はっきり　　　　4　なんとなく

25 道に迷ってしまったので、でたらめに車を走らせたら目的地へ着いた。

   1　不正確に　　　　2　適当に　　　　　3　意識的に　　　　4　反対に

問題6　次の言葉の使い方として最もよいものを、1・2・3・4から一つ選びな
　　　さい。

26　駆け込む

1　箱を開けると人形が駆け込む。

2　事故を知らせに近くの交番に駆け込んだ。

3　中学生のときに芸能界に駆け込んだ。

4　ガラスの破片が四方に駆け込んだ。

27　すっかり

1　絵画が壁にすっかりと並んでいる。

2　何度も吐いてすっかりしている。

3　髪を伸ばす気がすっかりなくなった。

4　箱にりんごがすっかり詰まっている。

28　くどい

1　接続詞を使い過ぎると、言い回しがくどくなる。

2　ゴキブリはくどいのでやっつけるのがむずかしい。

3　別れたことの理由を知ろうとしてくどくつきまとう。

4　夏風邪はくどいから気をつけなければならない。

29　訓練

1　ピアノの訓練は難しくありません。

2　私立高校受験用の入試直前訓練を実施します。

3　40歳をすぎてから初めてお茶の訓練を始めました。

4　ドッグトレーナーは、犬を訓練する職業です。

30　敏感だ

1　動物は人間よりも音に敏感である。

2　あのような敏感な動作をする人は珍しい。

3　午後は強風と気温の敏感な変化に注意しよう。

4　敏感な思想を持つ人は自分の考えに自信を持っている。

問題1 ＿＿＿＿の言葉の読み方として最もよいものを、１・２・３・４から一つ
選びなさい。

1 釣り名人が教える魚の釣り方。

1 めいにん   2 めいじん   3 みょうにん   4 みょうじん

2 社員を雇うべきか悩んでいます。

1 さそう   2 まよう   3 うらなう   4 やとう

3 メンバーが足りないので強引に野球部に入らせた。

1 ごういん   2 きょういん   3 ごうじん   4 きょうじん

4 日中の空いた時間を活用できる。

1 にっじゅう   2 にちじゅう   3 にっちゅう   4 にちちゅう

5 徹夜してレポートを書く。

1 てつよ   2 てつや   3 でつよ   4 でつや

問題2 ＿＿＿＿の言葉を漢字で書くとき、最もよいものを、1・2・3・4から
一つ選びなさい。

6 東京国立<u>はくぶつかん</u>は日本で最も長い歴史を持っています。

1 薄物館　　　　2 薄物舘　　　　3 博物館　　　　4 博物舘

7 少しでも安くいい<u>うえき</u>をうえたい。

1 埴木　　　　　2 値木　　　　　3 植木　　　　　4 殖木

8 うまくいくかどうか<u>こころみる</u>。

1 省みる　　　　2 試みる　　　　3 心みる　　　　4 計みる

9 彼は<u>はやくち</u>で話す傾向が多い。

1 早口　　　　　2 早言　　　　　3 速口　　　　　4 速言

10 J1リーグが<u>かいまく</u>したので行ってきた。

1 開催　　　　　2 開演　　　　　3 開幕　　　　　4 開講

問題3 （　　　　）に入れるのに最もよいものを、1・2・3・4から一つ選びな
さい。

11 英国ではアジア（　　　）住民の少ない街に住んでいる。

　1　系　　　　　　　2　勢　　　　　　　3　圏　　　　　　　4　組

12 子育てをしていると、必ず子（　　　）という問題に突き当たる時がきます。

　1　逃げ　　　　　　2　離れ　　　　　　3　抜け　　　　　　4　落ち

13 東京都心の（　　　）雪は、平年より9日遅く、昨シーズンと比べると12日

遅いという。

　1　開　　　　　　　2　始　　　　　　　3　頭　　　　　　　4　初

問題4　（　　　　）に入れるのに最もよいものを、1・2・3・4から一つ選びなさい。

14 基本的に顔が（　　　　）人に眼鏡が似合う。

1　賢明な　　　　　2　上品な　　　　　3　地味な　　　　　4　純粋な

15 歴史的な観点から（　　　）する。

1　プロジェクト　2　クイズ　　　　3　スケジュール　4　アプローチ

16 酒と水を1対3の（　　　　）で混ぜてください。

1　対立　　　　　2　割合　　　　　3　対照　　　　　4　割引

17 相手の言動をなるべく善意に（　　　　）。

1　受け取る　　　2　引き受ける　　3　受け入れる　　4　受け持つ

18 私はそれに関しては（　　　　）も否定もしない。

1　同意　　　　　2　肯定　　　　　3　賛成　　　　　4　認定

19 全国のレストランで働くフランス料理人が腕を（　　　　）。

1　ねらう　　　　2　たたかう　　　3　あらそう　　　4　きそう

20 大好きな彼とのデートに（　　　　）と出かけたものの、会話に困った。

1　わくわく　　　2　ぞくぞく　　　3　うきうき　　　4　どきどき

問題 5 ＿＿＿の言葉に意味が最も近いものを、１・２・３・４から一つ選びなさい。

21 学歴があるのに応用が利かない。

1 のんびりできない 　　　　　　　2 優しくない

3 余裕がない 　　　　　　　　　　4 柔らかくない

22 応募者多数の場合、応募受付を締め切ることがあります。

1 終わりにする 　2 延期する 　　3 一時中止する 　4 延長する

23 民主主義の基本は日本の伝統と言っているがはなはだしい誤解である。

1 単なる 　　　　2 ひどい 　　　3 ありえない 　　4 よくある

24 価格は私のような人にとって、あきれるほどの価格だ。

1 とても安い 　2 セールする 　3 とても高い 　　4 ちょうどいい

25 仕事で荷が重いと感じることが多くなっています。

1 やる気がなくなっている 　　　　2 肉体的に疲れている

3 荷物が大き過ぎる 　　　　　　　4 責任が大き過ぎる

問題6　次の言葉の使い方として最もよいものを、1・2・3・4から一つ選びな
さい。

26 感心

1　何事にもチャレンジしようとする彼女の姿勢に感心する。

2　このホテルはお客様に宿泊だけでなく感心を与えてくれる。

3　引っ越しで遠く離れてしまった友達との再会に感心した。

4　結婚式で感心を呼ぶ場面といえば、「花嫁の手紙」だろう。

27 がっかり

1　がっかりから立ち上がるには時間がかかるだろう。

2　がっかりした顔をしないで欲しいと言われた。

3　優勝を望んでいただけにがっかりの色は隠せないだろう。

4　今日もほぼ昨日と同じような一日だった、とがっかりくる。

28 訂正

1　学校の教科書は基本的に4年に1回、訂正が行われます。

2　WordやExcelをPDFに訂正する方法を紹介します。

3　この商品は壊れているので、新しいものに訂正してください。

4　ご案内について、期間の間違いがありましたので訂正します。

29 縮む

1　箱を重ねて積むと下の箱が縮むから重ねないでほしい。

2　縮んだ鉛筆をそのまま使い続けるのは、避けたほうがいい。

3　お気に入りのTシャツを洗濯した時に縮んだことがある。

4　快適な睡眠のために、ベッドを置くと部屋が縮んでしまう。

30 目安

1　製作の目安は立っていない状態のようだ。

2　家賃の目安をどれくらいにすればよいのか。

3　最終的に目安の水準に達するものと見込んでいる。

4　今月中に完成という目安で検討が進められている。

問題1 ＿＿＿＿の言葉の読み方として最もよいものを、1・2・3・4から一つ
選びなさい。

1 無地のカーテンは部屋を広く見せてくれる。

　　1　ぶち　　　　　　2　ぶじ　　　　　　3　むち　　　　　　4　むじ

2 針金のハンガーは「燃えないごみ」ということになっている。

　　1　はりかね　　　2　はりきん　　　3　はりがね　　　4　はりぎん

3 マンションの1階に湿気が多い。

　　1　しつき　　　　2　しっけ　　　　3　しつぎ　　　　4　しつけ

4 食事で不足する栄養を補う。

　　1　おぎなう　　　2　かばう　　　　3　すくう　　　　4　やしなう

5 相手の意見を尊重する。

　　1　けいちょう　　2　けいじゅう　　3　そんちょう　　4　そんじゅう

問題2 ＿＿＿の言葉を漢字で書くとき、最もよいものを、１・２・３・４から
一つ選びなさい。

6 こむぎを含む食べ物を食べてから目がかゆくなる。

1 小毒 　　　 2 少毒 　　　 3 小麦 　　　 4 少麦

7 兄弟が遺産をめぐってあらそう。

1 競う 　　　 2 争う 　　　 3 戦う 　　　 4 闘う

8 住居をてんてんとして変える。

1 転々 　　　 2 点々 　　　 3 天々 　　　 4 伝々

9 タバコの灰でズボンをこがした。

1 焼がした 　　　 2 熱がした 　　　 3 煙がした 　　　 4 焦がした

10 アルキメデスは数多くのこうせきを残した。

1 功績 　　　 2 功積 　　　 3 公績 　　　 4 公積

問題3 （　　　　）に入れるのに最もよいものを、１・２・３・４から一つ選びな
さい。

11 二酸化炭素は本当に地球温暖化の（　　　　）原因なのか？

1 要　　　　　2 真　　　　　3 本　　　　　4 主

12 当社の（　　　　）条件はPDFファイルとしてご利用いただけます。

1 複　　　　　2 諸　　　　　3 総　　　　　4 数

13 オシャレな焼肉店、店内はカップル（　　　　）が多くデート向きのお店。

1 付き　　　　2 添え　　　　3 連れ　　　　4 伴い

問題4　（　　　）に入れるのに最もよいものを、１・２・３・４から一つ選びな
さい。

14 先生はいつも（　　　）会ってくださる。

1　のんき　　　　　2　気軽に　　　　　3　活発に　　　　4　手軽に

15 息子の成績を（　　　）に思う。

1　不平　　　　　2　不足　　　　　3　不満　　　　4　不服

16 青春とは心の若さ、希望に（　　　）いるものである。

1　あふれて　　　2　ながれて　　　3　こぼれて　　　4　はなれて

17 山下さんは今回も（　　　）ところでメダルに届かなかったですね。

1　だらしない　　2　もったいない　　3　まずしい　　　4　おしい

18 スピードの出し過ぎが（　　　）事故の原因とみられている。

1　脱線　　　　　2　離脱　　　　　3　線路　　　　4　外線

19 政治家は、二度と（　　　）戦争を起こすようなことをしてはならない。

1　もう　　　　　2　再び　　　　　3　また　　　　4　重ねて

20 鋭い目つきでライバルを（　　　）。

1　みはる　　　　2　みまもる　　　3　みすごす　　　4　みつめる

問題5 ＿＿＿＿の言葉に意味が最も近いものを、１・２・３・４から一つ選びな
さい。

21 海苔は火で<u>あぶる</u>とよい香りが出てくる。

1 軽くあたためる 2 軽くこげる 3 軽くやく 4 軽くかわかす

22 彼は<u>こつこつ</u>事実を調べていた。

1 せっせと 2 熱心に 3 詳しく 4 ただしく

23 騒音対策は<u>お手上げ</u>の状態だ。

1 始まったばかり 2 順調に進んでいること

3 話題にのぼること 4 どうにもしようがないこと

24 すみません、<u>お会計</u>お願いします。

1 料理 2 支払い 3 注文 4 予約

25 経験豊富な上司の<u>助言</u>は、悩みを解決するためのヒントになります。

1 インタビュー 2 プレゼンテーション

3 アドバイス 4 トレーニング

問題6　次の言葉の使い方として最もよいものを、1・2・3・4から一つ選びなさい。

26 休息

1 実験もいいけどそろそろ休息しようよ。
2 普通、眠ったり休息を取ったりすると疲れが取れる。
3 仕事が台風で休息になる規準はあるのだろうか？
4 適度な運動はストレス解消にもなりとても良い休息になる。

27 さびる

1 最近、掃除をしてたら大量のさびた10円が出てきた。
2 花を買って植木鉢に植え替えたら、葉も花もさびてしまった。
3 町を歩いていると卵のさびたような臭いがした。
4 川の水がさびてしまったら、水道の水が使えなくなってしまう。

28 交代

1 やむをえない事情で日程交代をお願いする。
2 昼夜交代勤務は睡眠不足や体調不良になりやすい。
3 腕時計の電池交代は、ブランドによって料金が異なる。
4 サッカーでは選手交代を3人まで認められている。

29 意地悪だ

1 彼は笑顔の陰に意地悪な心を隠している。
2 プロスポーツには意地悪なビジネスの一面もある。
3 職場に意地悪な人がいると、ストレスが溜まってしまう。
4 非常時には意地悪な判断の持ち主がいなければならない。

30 尋ねる

1 株主からは不正を防げなかった経営陣の責任を尋ねる。
2 牛窓の地名の由来を尋ねて散歩したいと思う。
3 いろいろなストアを渡り歩きながら赤い財布を尋ねている。
4 私は日本全国を尋ねているので、地域情報に詳しい。

問題1 _____の言葉の読み方として最もよいものを、１・２・３・４から一つ
選びなさい。

1 日本は、かつて世界一の漁業国だった。

1 ぎょごう 　　　2 りょうごう 　　　3 ぎょぎょう 　　　4 りょうぎょう

2 今回の選挙は民主党の圧勝で終わった。

1 あっしょう 　　　2 ゆうしょう 　　　3 あっしゅう 　　　4 ゆうしゅう

3 犬の鼻はいつも湿っている。

1 にごって 　　　2 しめって 　　　3 たまって 　　　4 かたまって

4 勉強の合間に仕事を手伝う。

1 すきま 　　　2 いとま 　　　3 ひま 　　　4 あいま

5 ガラスは、いろいろな方法で装飾することができます。

1 そうしき 　　　2 しょうしき 　　　3 そうしょく 　　　4 しょうしょく

問題2 ＿＿＿＿の言葉を漢字で書くとき、最もよいものを、1・2・3・4から
一つ選びなさい。

6 はんとう全体が、ひとつの大きい公園だ。

1 伴鳥 2 伴島 3 半鳥 4 半島

7 肉には粒のあらい塩を使うとゆっくり味がしみ込む。

1 荒い 2 粗い 3 洗い 4 細い

8 権利とはやるべき義務をはたしてこそ主張できるものだ。

1 務たして 2 任たして 3 果たして 4 担たして

9 地球はたいらだと信じる人がいることに驚く。

1 平らだ 2 緩らだ 3 曲らだ 4 斜らだ

10 山田さんが家族を失ったことはひげきだ。

1 非激 2 悲劇 3 悲激 4 非劇

問題3　（　　　）に入れるのに最もよいものを、１・２・３・４から一つ選びなさい。

11 消費するエネルギーが小さいほど（　　　）エネルギーの効果が高いといえる。

　1　弱　　　　　　　2　軽　　　　　　　3　薄　　　　　　　4　省

12 法律の一般（　　　）とは、不特定多数の人々に対して適用されるという意味です。

　1　態　　　　　　　2　素　　　　　　　3　性　　　　　　　4　状

13 我が社は不動産事業の住宅に関わる業務（　　　）のサポートを担当します。

　1　共通　　　　　　2　全般　　　　　　3　共同　　　　　　4　全面

問題4 （　　　　）に入れるのに最もよいものを、1・2・3・4から一つ選びなさい。

14 話は１０年前に（　　　　）。

1　つたえる　　　　2　さかのぼる　　　3　かたる　　　　4　ふりかえる

15 （　　　　）にしても、やらなければならないことです。

1　近日　　　　　　2　やがて　　　　　3　いずれ　　　　4　そのうち

16 親子の「血の（　　　　）」、若い世代は重視しない傾向もある。

1　関連　　　　　　2　連関　　　　　　3　連係　　　　　4　つながり

17 肌が（　　　　）ときは消化の悪い食べ物は避けた方が良いでしょう。

1　敏感な　　　　　2　機敏な　　　　　3　鮮明な　　　　4　円滑な

18 頑張っているのにうまくいかなくて、つい（　　　　）を吐いてしまう。

1　弱気　　　　　　2　弱音　　　　　　3　強気　　　　　4　強音

19 寒さも厳しくなり、ストーブが（　　　　）なる季節になってきましたね。

1　さびしく　　　　2　むなしく　　　　3　こいしく　　　4　なつかしく

20 ベートーベンの音楽が私の心を（　　　　）くれる。

1　なぐさめて　　　2　ねぎらって　　　3　いたわって　　　4　ほほえんで

問題5 ＿＿＿＿の言葉に意味が最も近いものを、１・２・３・４から一つ選びなさい。

21 心から反省して謝罪したが許してもらえなかった。

1 わびた　　　　2 みとめた　　　　3 ことわった　　　4 うったえた

22 母がせっかく作ったご馳走がテーブルの上で冷たくなっている。

1 せいぜい　　　2 わざわざ　　　　3 思いきって　　　4 慌てて

23 当社のターゲット層は４０～５０代の女性です。

1 御社　　　　　2 貴社　　　　　　3 本社　　　　　　4 我が社

24 彼の言葉づかいが乱暴だと思う。

1 わるい　　　　2 かたい　　　　　3 あらい　　　　　4 ひどい

25 理想に適った人を見つける。

1 適合した<ruby>適合した<rt>てきごう</rt></ruby>　　　2 適切した<ruby>適切した<rt>てきせつ</rt></ruby>　　　3 適当した<ruby>適当した<rt>てきとう</rt></ruby>　　　4 適応した<ruby>適応した<rt>てきおう</rt></ruby>

問題6　次の言葉の使い方として最もよいものを、１・２・３・４から一つ選びな
　　　さい。

26　違反

1　入力規則に違反しているデータを調べる。

2　親が言う事に全て違反する時期があるものだ。

3　私はその計画に対して違反の意見を持っていた。

4　専門家の予想に違反して、景気は回復し始めた。

27　見張る

1　親は子供の成長を見張ることが大事になる。

2　彼が横を向いている時は穴が空くほど見張る。

3　彼らは、現実を見張ったうえで、問題を解決している。

4　警察や警備員が２４時間体制で厳重に見張っている。

28　ぐずぐず

1　離れて暮らすと親のありがたみをぐずぐず感じる。

2　予算の審議がぐずぐずしていたのでは話にならない。

3　ぐずぐずすると時間の余裕が無くなるかも知れない。

4　路面電車といえば道路をぐずぐず走るイメージが強い。

29　大げさに

1　プリンターを買い替えたいけど、まだインクが大げさに残っている。

2　不安なときは、大げさに考えないようにするのがいい。

3　塾に通わせることで成績が大げさに伸びる子供には共通点がある。

4　気温５度以上も差が出るのは服装の季節感が大げさに変わることになる。

30　桁

1　桁は、０から９まで１０種類しかない。

2　同じ広いといってもこの家の広さは桁が違う。

3　アルファベットや桁はどうやって入力するのか。

4　ローマ桁は、数を表す記号の一種である。

問題1 ＿＿＿の言葉の読み方として最もよいものを、1・2・3・4から一つ
選びなさい。

1 台風が日本列島に近づいている。

1 れつと 2 れっと 3 れつどう 4 れっとう

2 永く愛されるには理由がある。

1 ふかく 2 とおく 3 ながく 4 ひさしく

3 水道の水が濁った場合の連絡先についてご案内します。

1 くもった 2 にごった 3 かくれた 4 くずれた

4 冬は晴れの確率が高い。

1 かくりつ 2 かくそつ 3 かっりつ 4 かっそつ

5 ねぎは傷みやすいので気をつけましょう。

1 きずみやすい 2 きすみやすい 3 いだみやすい 4 いたみやすい

問題2 _____の言葉を漢字で書くとき、最もよいものを、1・2・3・4から一つ選びなさい。

6 これはかんりょうだけで判断してやったことだとは思えない。

1 官僚　　　　　2 官遼　　　　　3 宮僚　　　　　4 宮遼

7 建設中の高層ビルがかたむいているように見える。

1 倒いて　　　　2 到いて　　　　3 傾いて　　　　4 頃いて

8 政治問題についてこうえんする。

1 公演　　　　　2 講演　　　　　3 後援　　　　　4 公園

9 道路には雪のかたまりが残っている。

1 魂　　　　　　2 鬼　　　　　　3 魁　　　　　　4 塊

10 やわらかいゴム製のバットで野球をした。

1 軟らかい　　　2 弱らかい　　　3 優らかい　　　4 柔らかい

問題3　(　　　)に入れるのに最もよいものを、１・２・３・４から一つ選びなさい。

11　近年、若年(　　　)の投票率低下が問題視されている。

1　差　　　　　　2　層　　　　　　3　比　　　　　　4　集

12　今年も海岸(　　　)のドライブとともに、精一杯海を楽しみたい。

1　沿い　　　　　2　付き　　　　　3　従い　　　　　4　並び

13　インターネットの普及により(　　　)リスクでビジネスを始められる時代になった。

1　少　　　　　　2　下　　　　　　3　低　　　　　　4　安

問題4　（　　　）に入れるのに最もよいものを、1・2・3・4から一つ選びな
さい。

14　（　　　）ドライバーが観光案内してくれます。

1　ベテラン　　　　2　スマート　　　　3　アプローチ　　　4　テクニック

15　駄目で（　　　）だからやれるとこまでやってみよう。

1　元来　　　　　　2　もともと　　　　3　本来　　　　　　4　そもそも

16　年齢とともにもの忘れが増えたり頭の回転が（　　　）なる。

1　ながく　　　　　2　のろく　　　　　3　にぶく　　　　　4　ほそく

17　他人に迷惑をかけておきながら、それを全く気にせずに（　　　）とした顔を
している。

1　冷静　　　　　　2　平気　　　　　　3　冷淡　　　　　　4　平然

18　街角で「アンケートに答えてください。」と（　　　）。

1　呼び止められた　　　　　　　　2　問い合わせられた

3　聞き取られた　　　　　　　　　4　見分けられた

19　（　　　）資料でやる気を失っている。

1　莫大な　　　　　2　絶大な　　　　　3　膨大な　　　　　4　甚大な

20　どんなに過去を（　　　）、過去は変えられません。

1　疑っても　　　　2　悔やんでも　　　3　あきらめても　　4　断っても

問題5 ＿＿＿の言葉に意味が最も近いものを、1・2・3・4から一つ選びな
さい。

21 あの人はフレッシュだよね。

   1　独特　　　　　　2　新人　　　　　　3　特別　　　　　　4　新鮮

22 おもしろい作品はあらすじもおもしろい。

   1　内容の要約　　2　だいたいの内容　3　作品の構成　　4　作品の結末

23 商売をしている中で、人の足元を見るような方法をとってはいけません。

   1　うそをつく　　　　　　　　　2　だます

   3　弱みにつけこむ　　　　　　　4　要求に応じない

24 相手がこのんで口にする言葉をこちらも使ってみる。

   1　よく　　　　　2　ときどき　　　3　普通　　　　4　たまに

25 新聞に大きくとり扱われたら、もうしめたものです。

   1　終わった　　　2　あぶない　　　3　ありがたい　　4　都合がいい

問題6　次の言葉の使い方として最もよいものを、１・２・３・４から一つ選びなさい。

26 せめて

1 家から図書館までせめて三十分はかかるだろう。

2 漢字を覚えるのは大変だけど、せめて７００字くらいは覚えたい。

3 先週のテストは自信がなかったが、せめて５０点は取れた。

4 短い期間ではＩＴインフラや情報システムの対応がせめて間に合わない。

27 承知

1 暗黙の承知は、口に出さないがわかることである。

2 承知は、お客様や目上に対して使うのは失礼になる。

3 テレビで報道された記事の内容は被害者の承知を得ている。

4 計画を見直さなければならないことは十分承知している。

28 うなずく

1 彼が話している間ずっと黙ってうなずいていた。

2 うなずいて食べるのは、消化にもよくない。

3 うなずいた家の危険性について解説します。

4 彼はうなずいたまま質問に答えなかった。

29 余計

1 体内の塩分が薄くなったところで余計な水分の排出が始まる。

2 彼は緊急事態に備えて、常にいつも余計に持っていた。

3 よくしゃべる人は、つい口を滑らせて余計なことまで言ってしまう。

4 余計のカレーに生卵とチーズをのせてレンジで１分３０秒温めた。

30 機敏だ

1 世界で最も機敏な頭脳を持つ人々が集まった。

2 この商品は価格に機敏な消費者にとても効果的だ。

3 キッチンの機敏な動きを見ながら待っていた。

4 他人の感情やまわりの環境に機敏な人たちがいる。

PART 2 기출 공략 — 정답 확인

한자 읽기

Day 1 실전 연습 01~04 ▸ p.26~29

01	1 1	2 4	3 3	4 4
	5 2	6 3	7 2	8 1
02	1 3	2 1	3 2	4 2
	5 4	6 4	7 1	8 3
03	1 1	2 3	3 2	4 1
	5 4	6 2	7 3	8 4
04	1 1	2 4	3 4	4 1
	5 3	6 2	7 4	8 3

한자 표기

Day 2 실전 연습 01~04 ▸ p.36~39

01	1 1	2 4	3 3	4 3
	5 2	6 2	7 1	8 4
02	1 3	2 2	3 1	4 2
	5 4	6 1	7 3	8 4
03	1 4	2 3	3 1	4 4
	5 2	6 1	7 3	8 4
04	1 1	2 1	3 3	4 4
	5 2	6 2	7 3	8 4

단어 형성

Day 3 실전 연습 01~04 ▸ p.46~49

01	1 3	2 4	3 1	4 2
	5 2	6 4	7 3	8 1
02	1 4	2 2	3 3	4 1
	5 2	6 1	7 2	8 4
03	1 1	2 2	3 3	4 4
	5 1	6 3	7 2	8 4
04	1 3	2 2	3 3	4 4
	5 3	6 2	7 4	8 1

문맥 규정

Day 4 실전 연습 01~04 ▸ p.56~59

01	1 4	2 1	3 3	4 2
	5 1	6 3	7 4	8 2
02	1 3	2 1	3 2	4 4
	5 2	6 4	7 3	8 1
03	1 2	2 3	3 4	4 1
	5 1	6 2	7 4	8 3
04	1 2	2 2	3 1	4 4
	5 3	6 1	7 4	8 3

유의어

Day 5 실전 연습 01~04 ▸ p.68~71

01	1 3	2 3	3 2	4 1
	5 4	6 4	7 1	8 2
02	1 2	2 4	3 1	4 3
	5 1	6 2	7 4	8 3
03	1 4	2 2	3 3	4 1
	5 4	6 1	7 2	8 2
04	1 1	2 3	3 4	4 1
	5 4	6 2	7 3	8 2

용법

Day 6 실전 연습 01~04 ▸ p.78~84

01	1 2	2 1	3 4	4 3
	5 4	6 3	7 2	8 1
02	1 3	2 2	3 1	4 4
	5 2	6 4	7 3	8 3
03	1 4	2 2	3 3	4 1
	5 1	6 2	7 4	8 3
04	1 4	2 3	3 1	4 2
	5 1	6 3	7 2	8 4

1순위 어휘

Day 7 실전 연습 ▶ p.92~97

問題1	**1** 3	**2** 4	**3** 1	**4** 2
	5 1	**6** 2	**7** 4	**8** 3
問題2	**1** 3	**2** 1	**3** 2	**4** 4
	5 2	**6** 4	**7** 1	**8** 3
問題3	**1** 1	**2** 4	**3** 2	**4** 3
	5 4	**6** 2	**7** 3	**8** 1
問題4	**1** 3	**2** 4	**3** 1	**4** 2
	5 1	**6** 3	**7** 2	**8** 4
問題5	**1** 4	**2** 1	**3** 2	**4** 3
	5 1	**6** 2	**7** 4	**8** 3
問題6	**1** 1	**2** 2	**3** 4	**4** 3

Day 8 실전 연습 ▶ p.102~107

問題1	**1** 1	**2** 3	**3** 4	**4** 2
	5 1	**6** 4	**7** 3	**8** 2
問題2	**1** 3	**2** 2	**3** 1	**4** 4
	5 4	**6** 1	**7** 2	**8** 3
問題3	**1** 2	**2** 4	**3** 3	**4** 1
	5 2	**6** 1	**7** 4	**8** 3
問題4	**1** 2	**2** 4	**3** 1	**4** 1
	5 3	**6** 1	**7** 2	**8** 4
問題5	**1** 2	**2** 3	**3** 4	**4** 1
	5 1	**6** 2	**7** 3	**8** 4
問題6	**1** 4	**2** 3	**3** 1	**4** 2

Day 9 실전 연습 ▶ p.112~117

問題1	**1** 1	**2** 2	**3** 3	**4** 4
	5 4	**6** 2	**7** 3	**8** 1
問題2	**1** 1	**2** 4	**3** 2	**4** 3
	5 3	**6** 1	**7** 2	**8** 4
問題3	**1** 1	**2** 3	**3** 2	**4** 4
	5 2	**6** 1	**7** 3	**8** 4
問題4	**1** 1	**2** 3	**3** 1	**4** 4
	5 2	**6** 4	**7** 1	**8** 3
問題5	**1** 1	**2** 3	**3** 1	**4** 2
	5 3	**6** 4	**7** 1	**8** 2
問題6	**1** 2	**2** 1	**3** 4	**4** 3

Day 10 실전 연습 ▶ p.122~127

問題1	**1** 3	**2** 2	**3** 4	**4** 1
	5 1	**6** 3	**7** 2	**8** 4
問題2	**1** 4	**2** 3	**3** 2	**4** 1
	5 2	**6** 1	**7** 3	**8** 4
問題3	**1** 1	**2** 4	**3** 3	**4** 2
	5 3	**6** 1	**7** 2	**8** 4
問題4	**1** 4	**2** 3	**3** 1	**4** 2
	5 3	**6** 2	**7** 4	**8** 1
問題5	**1** 4	**2** 3	**3** 2	**4** 1
	5 3	**6** 4	**7** 4	**8** 2
問題6	**1** 1	**2** 3	**3** 4	**4** 2

Day 11 실전 연습 ▶ p.132~137

問題1	1 1	2 2	3 4	4 3
	5 4	6 1	7 3	8 2
問題2	1 3	2 4	3 1	4 2
	5 3	6 2	7 1	8 4
問題3	1 2	2 4	3 3	4 1
	5 2	6 3	7 4	8 1
問題4	1 3	2 2	3 4	4 1
	5 1	6 3	7 4	8 2
問題5	1 1	2 4	3 2	4 3
	5 3	6 2	7 1	8 4
問題6	1 2	2 4	3 3	4 1

Day 12 실전 연습 ▶ p.142~147

問題1	1 4	2 1	3 2	4 3
	5 2	6 3	7 1	8 3
問題2	1 4	2 3	3 4	4 1
	5 1	6 3	7 4	8 2
問題3	1 3	2 2	3 4	4 1
	5 2	6 3	7 4	8 1
問題4	1 4	2 2	3 3	4 1
	5 4	6 1	7 3	8 2
問題5	1 4	2 2	3 3	4 1
	5 2	6 4	7 1	8 3
問題6	1 2	2 1	3 3	4 4

Day 13 실전 연습 ▶ p.152~157

問題1	1 1	2 2	3 4	4 3
	5 4	6 3	7 1	8 2
問題2	1 4	2 2	3 1	4 3
	5 4	6 2	7 1	8 3
問題3	1 3	2 2	3 1	4 4
	5 2	6 4	7 1	8 3

問題4	1 3	2 2	3 1	4 4
	5 3	6 1	7 2	8 4
問題5	1 1	2 4	3 2	4 3
	5 1	6 1	7 2	8 3
問題6	1 3	2 4	3 1	4 2

Day 14 실전 연습 ▶ p.162~167

問題1	1 4	2 1	3 3	4 2
	5 1	6 2	7 4	8 3
問題2	1 4	2 1	3 3	4 2
	5 4	6 1	7 2	8 3
問題3	1 2	2 3	3 2	4 1
	5 3	6 4	7 2	8 1
問題4	1 2	2 4	3 3	4 1
	5 3	6 1	7 4	8 2
問題5	1 1	2 2	3 4	4 3
	5 1	6 4	7 2	8 3
問題6	1 1	2 2	3 4	4 3

Day 15 실전 연습 ▶ p.172~177

問題1	1 2	2 4	3 1	4 3
	5 2	6 1	7 4	8 3
問題2	1 4	2 2	3 1	4 3
	5 2	6 1	7 4	8 3
問題3	1 2	2 1	3 4	4 3
	5 4	6 2	7 3	8 1
問題4	1 1	2 2	3 4	4 3
	5 2	6 4	7 3	8 1
問題5	1 2	2 4	3 3	4 1
	5 1	6 3	7 4	8 2
問題6	1 2	2 1	3 4	4 3

Day 16 실전 연습 ▶ p.182~187

問題1	1 1	2 4	3 2	4 3
	5 2	6 4	7 3	8 1
問題2	1 1	2 4	3 2	4 3
	5 2	6 1	7 4	8 3
問題3	1 2	2 3	3 1	4 4
	5 3	6 2	7 1	8 4
問題4	1 1	2 3	3 2	4 4
	5 4	6 3	7 1	8 2
問題5	1 2	2 3	3 1	4 4
	5 4	6 1	7 2	8 3
問題6	1 1	2 2	3 4	4 3

Day 17 실전 연습 ▶ p.192~197

問題1	1 4	2 1	3 3	4 2
	5 2	6 3	7 1	8 4
問題2	1 4	2 1	3 2	4 3
	5 3	6 2	7 4	8 1
問題3	1 2	2 3	3 1	4 4
	5 3	6 2	7 1	8 4
問題4	1 2	2 1	3 3	4 4
	5 4	6 2	7 3	8 1
問題5	1 4	2 2	3 3	4 4
	5 1	6 3	7 4	8 2
問題6	1 3	2 4	3 1	4 2

Day 18 실전 연습 ▶ p.202~207

問題1	1 4	2 1	3 3	4 2
	5 4	6 2	7 1	8 3
問題2	1 3	2 4	3 1	4 2
	5 1	6 3	7 4	8 2
問題3	1 1	2 3	3 2	4 4
	5 2	6 3	7 4	8 1
問題4	1 1	2 3	3 2	4 4
	5 1	6 4	7 3	8 2
問題5	1 3	2 1	3 2	4 4
	5 2	6 4	7 1	8 3
問題6	1 1	2 4	3 3	4 2

Day 19 실전 연습 ▶ p.212~217

問題1	1 1	2 4	3 2	4 3
	5 4	6 3	7 2	8 1
問題2	1 4	2 1	3 3	4 2
	5 1	6 4	7 3	8 2
問題3	1 2	2 3	3 4	4 1
	5 3	6 2	7 4	8 1
問題4	1 1	2 3	3 4	4 2
	5 2	6 4	7 3	8 1
問題5	1 1	2 3	3 4	4 2
	5 4	6 1	7 2	8 3
問題6	1 2	2 4	3 3	4 1

Day 20 실전 연습 ▶ p.222~227

問題1	1 1	2 4	3 3	4 2
	5 2	6 1	7 3	8 4
問題2	1 1	2 3	3 2	4 4
	5 3	6 4	7 1	8 2
問題3	1 2	2 3	3 4	4 1
	5 3	6 1	7 4	8 2
問題4	1 2	2 3	3 1	4 4
	5 2	6 1	7 4	8 3
問題5	1 3	2 1	3 2	4 4
	5 2	6 1	7 3	8 4
問題6	1 3	2 2	3 1	4 4

PART 4 실전 공략 정답 확인

실전 공략 모의고사 01 ~ 05 정답

모의고사 01 ▶ p. 230~235

問題 1	1 2	2 3	3 4	4 1	5 4		
問題 2	6 3	7 1	8 4	9 2	10 1		
問題 3	11 2	12 4	13 1				
問題 4	14 4	15 1	16 3	17 2	18 1	19 4	20 3
問題 5	21 1	22 2	23 4	24 3	25 2		
問題 6	26 2	27 3	28 1	29 4	30 1		

모의고사 02 ▶ p.236~241

問題 1	1 2	2 4	3 1	4 3	5 2		
問題 2	6 4	7 3	8 2	9 1	10 3		
問題 3	11 1	12 2	13 4				
問題 4	14 3	15 4	16 2	17 1	18 2	19 4	20 3
問題 5	21 4	22 1	23 2	24 3	25 4		
問題 6	26 1	27 2	28 4	29 3	30 2		

모의고사 03 ▶ p.242~247

問題 1	1 4	2 3	3 2	4 1	5 3		
問題 2	6 3	7 2	8 1	9 4	10 1		
問題 3	11 4	12 2	13 3				
問題 4	14 2	15 3	16 1	17 4	18 1	19 2	20 4
問題 5	21 3	22 1	23 4	24 2	25 3		
問題 6	26 2	27 1	28 4	29 3	30 2		

모의고사 04 ▶ p.248~253

問題 1	1 3	2 1	3 2	4 4	5 3		
問題 2	6 4	7 2	8 3	9 1	10 2		
問題 3	11 4	12 3	13 2				
問題 4	14 2	15 3	16 4	17 1	18 2	19 3	20 1
問題 5	21 1	22 2	23 4	24 3	25 1		
問題 6	26 1	27 4	28 3	29 2	30 2		

모의고사 05 ▶ p.254~259

問題 1	1 4	2 3	3 2	4 1	5 4		
問題 2	6 1	7 3	8 2	9 4	10 4		
問題 3	11 2	12 1	13 3				
問題 4	14 1	15 2	16 3	17 4	18 1	19 3	20 2
問題 5	21 4	22 2	23 3	24 1	25 4		
問題 6	26 2	27 4	28 1	29 3	30 3		

모의고사 01

	問 題 1			
1	①	②	③	④
2	①	②	③	④
3	①	②	③	④
4	①	②	③	④
5	①	②	③	④
	問 題 2			
6	①	②	③	④
7	①	②	③	④
8	①	②	③	④
9	①	②	③	④
10	①	②	③	④
	問 題 3			
11	①	②	③	④
12	①	②	③	④
13	①	②	③	④
	問 題 4			
14	①	②	③	④
15	①	②	③	④
16	①	②	③	④
17	①	②	③	④
18	①	②	③	④
19	①	②	③	④
20	①	②	③	④

	問 題 5			
21	①	②	③	④
22	①	②	③	④
23	①	②	③	④
24	①	②	③	④
25	①	②	③	④
	問 題 6			
26	①	②	③	④
27	①	②	③	④
28	①	②	③	④
29	①	②	③	④
30	①	②	③	④

N2 문자·어휘 실전 공략 해답 용지

모의고사 02

	問 題 1			
1	①	②	③	④
2	①	②	③	④
3	①	②	③	④
4	①	②	③	④
5	①	②	③	④
	問 題 2			
6	①	②	③	④
7	①	②	③	④
8	①	②	③	④
9	①	②	③	④
10	①	②	③	④
	問 題 3			
11	①	②	③	④
12	①	②	③	④
13	①	②	③	④
	問 題 4			
14	①	②	③	④
15	①	②	③	④
16	①	②	③	④
17	①	②	③	④
18	①	②	③	④
19	①	②	③	④
20	①	②	③	④

	問 題 5			
21	①	②	③	④
22	①	②	③	④
23	①	②	③	④
24	①	②	③	④
25	①	②	③	④
	問 題 6			
26	①	②	③	④
27	①	②	③	④
28	①	②	③	④
29	①	②	③	④
30	①	②	③	④

모의고사 03

	問題 1			
1	①	②	③	④
2	①	②	③	④
3	①	②	③	④
4	①	②	③	④
5	①	②	③	④
	問題 2			
6	①	②	③	④
7	①	②	③	④
8	①	②	③	④
9	①	②	③	④
10	①	②	③	④
	問題 3			
11	①	②	③	④
12	①	②	③	④
13	①	②	③	④
	問題 4			
14	①	②	③	④
15	①	②	③	④
16	①	②	③	④
17	①	②	③	④
18	①	②	③	④
19	①	②	③	④
20	①	②	③	④

	問題 5			
21	①	②	③	④
22	①	②	③	④
23	①	②	③	④
24	①	②	③	④
25	①	②	③	④
	問題 6			
26	①	②	③	④
27	①	②	③	④
28	①	②	③	④
29	①	②	③	④
30	①	②	③	④

모의고사 04

	問 題 1			
1	①	②	③	④
2	①	②	③	④
3	①	②	③	④
4	①	②	③	④
5	①	②	③	④
	問 題 2			
6	①	②	③	④
7	①	②	③	④
8	①	②	③	④
9	①	②	③	④
10	①	②	③	④
	問 題 3			
11	①	②	③	④
12	①	②	③	④
13	①	②	③	④
	問 題 4			
14	①	②	③	④
15	①	②	③	④
16	①	②	③	④
17	①	②	③	④
18	①	②	③	④
19	①	②	③	④
20	①	②	③	④

	問 題 5			
21	①	②	③	④
22	①	②	③	④
23	①	②	③	④
24	①	②	③	④
25	①	②	③	④
	問 題 6			
26	①	②	③	④
27	①	②	③	④
28	①	②	③	④
29	①	②	③	④
30	①	②	③	④

모의고사 05

	問 題 1			
1	①	②	③	④
2	①	②	③	④
3	①	②	③	④
4	①	②	③	④
5	①	②	③	④
	問 題 2			
6	①	②	③	④
7	①	②	③	④
8	①	②	③	④
9	①	②	③	④
10	①	②	③	④
	問 題 3			
11	①	②	③	④
12	①	②	③	④
13	①	②	③	④
	問 題 4			
14	①	②	③	④
15	①	②	③	④
16	①	②	③	④
17	①	②	③	④
18	①	②	③	④
19	①	②	③	④
20	①	②	③	④

	問 題 5			
21	①	②	③	④
22	①	②	③	④
23	①	②	③	④
24	①	②	③	④
25	①	②	③	④
	問 題 6			
26	①	②	③	④
27	①	②	③	④
28	①	②	③	④
29	①	②	③	④
30	①	②	③	④

외국어 출판 40년의 신뢰
외국어 전문 출판 그룹
동양북스가 만드는 책은 다릅니다.

40년의 쉼 없는 노력과 도전으로 책 만들기에 최선을 다해온 동양북스는
오늘도 미래의 가치에 투자하고 있습니다.
대한민국의 내일을 생각하는 도전 정신과 믿음으로 최선을 다하겠습니다.

동양북스

📖 동양북스 추천 교재

일본어 교재의 최강자, 동양북스 추천 교재

회화 코스북

일본어뱅크 다이스키
STEP 1·2·3·4·5·6·7·8

일본어뱅크
좋아요 일본어 1·2·3·4·5·6

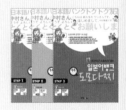

일본어뱅크 도모다찌
STEP 1·2·3

분야서

일본어뱅크
좋아요 일본어 독해 STEP 1·2

일본어뱅크
일본어 작문 초급

일본어뱅크
사진과 함께하는
일본 문화

일본어뱅크
항공 서비스 일본어

가장 쉬운 독학
일본어 현지회화

수험서

일취월장 JPT
독해·청해

일취월장 JPT
실전 모의고사 500·700

일단 합격하고 오겠습니다
JLPT 일본어능력시험
N1·N2·N3·N4·N5

일단 합격하고 오겠습니다
JLPT 일본어능력시험
실전모의고사 N1·N2·N3·N4/5

단어·한자

특허받은
일본어 한자 암기박사

일본어 상용한자 2136
이거 하나면 끝!

일본어뱅크
좋아요 일본어 한자

가장 쉬운 독학
일본어 단어장

일단 합격하고 오겠습니다
JLPT 일본어능력시험
단어장 N1·N2·N3

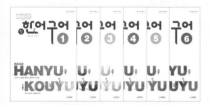

📖 동양북스 추천 교재

기타외국어 교재의 최강자, 동양북스 추천 교재

중고급 학습

첫걸음 끝내고 보는
프랑스어
중고급의 모든 것

첫걸음 끝내고 보는
스페인어
중고급의 모든 것

첫걸음 끝내고 보는
독일어
중고급의 모든 것

첫걸음 끝내고 보는
태국어
중고급의 모든 것

첫걸음 끝내고 보는
베트남어
중고급의 모든 것

단어장

버전업! 가장 쉬운
프랑스어 단어장

버전업! 가장 쉬운
스페인어 단어장

버전업! 가장 쉬운
독일어 단어장

가장 쉬운 독학
베트남어 단어장

여행 회화

NEW 후다닥
여행 중국어

NEW 후다닥
여행 일본어

NEW 후다닥
여행 영어

NEW 후다닥
여행 독일어

NEW 후다닥
여행 프랑스어

NEW 후다닥
여행 스페인어

NEW 후다닥
여행 베트남어

NEW 후다닥
여행 태국어

수험서 · 교재

한 권으로 끝내는 DELE
어휘 · 쓰기 · 관용구편 (B2~C1)

수능 기초 베트남어
한 권이면 끝!

버전업!
스마트 프랑스어

일단 합격하고 오겠습니다
독일어능력시험
A1 · A2 · B1 · B2